员工正向偏离行为管理
——基于领导力视角的研究

李　红/著

科学出版社

北　京

内 容 简 介

本书运用社会困境理论分析员工正向偏离行为，探索性地提出"员工正向偏离行为是一种社会困境下的合作行为"的论断，在此基础上，系统介绍领导对员工正向偏离行为的影响，具体内容如下所述：首先从内涵、度量、影响因素、影响效果等方面对员工正向偏离行为、伦理型领导、辱虐管理、社会困境等相关文献进行梳理和评价；其次基于揭示不同风格领导行为对员工正向偏离行为的影响结果及其过程机制的目的，分别考察伦理型领导和辱虐管理对员工正向偏离行为的影响；最后探讨相关个体特征变量对以上两种领导行为与员工正向偏离行为之间关系的权变作用机制。

本书既可供从事工商管理专业的研究和教学工作的大专院校、科研院所的学界同仁学习参考，也可供从事组织管理实务工作的各级管理人员阅读参考。

图书在版编目（CIP）数据

员工正向偏离行为管理：基于领导力视角的研究/李红著. —北京：科学出版社，2017.6

ISBN 978-7-03-052876-6

Ⅰ. ①员… Ⅱ. ①李… Ⅲ. ①企业领导学-研究 Ⅳ. ①F272.91

中国版本图书馆 CIP 数据核字（2017）第 108844 号

责任编辑：邓　娴 / 责任校对：杜子昂
责任印制：吴兆东 / 封面设计：无极书装

科 学 出 版 社 出版
北京东黄城根北街 16 号
邮政编码：100717
http://www.sciencep.com

北京京华虎彩印刷有限公司印刷
科学出版社发行　各地新华书店经销

*

2017 年 6 月第　一　版　开本：B5（720 × 1000）
2017 年 6 月第一次印刷　印张：12 1/4
字数：247 000

定价：80.00 元
（如有印装质量问题，我社负责调换）

目　　录

第一章 绪 论

传统的组织行为学研究一般从问题视角出发，聚焦于如何解决组织层面或个体成员存在的问题，如组织缺陷、功能失调、工作压力、情绪耗竭等（Luthans，2002）。20 世纪末期，心理学界发起了积极心理学运动，这股研究热潮也影响了组织行为学界，近年来，研究焦点逐渐转向组织的积极方面（Dutton and Glynn，2008；Luthans and Avolio，2009）[①]，正向偏离行为研究是顺应这一发展趋势的产物，试图从积极视角探讨传统意义上的员工负面行为（Spreitzer and Sonenshein，2003）。长期以来，员工偏离行为研究针对的是破坏性行为，如撒谎、偷窃、怠工、贪污、蓄意破坏和辱骂他人等（Bennett and Robinson，2000），由于这些行为给企业造成了数额庞大的财产损失，所以一般认为是应该避免的（Coffin，2003）。近年来，一些研究结果打破了人们关于偏离行为的刻板印象。相关研究表明，对于员工偏离行为的价值判断要比想象中复杂，员工既会为了自私邪恶的念头而违反组织规则，也会为了坚持正确的价值观念而突破组织规则（Warren，2003）。同时，并非所有的员工偏离行为都会给组织带来负面影响，一些隐藏着利他性动机和功能性作用的偏离行为，能够提升员工的主观幸福感、帮助同事、提高顾客服务绩效、维护组织声誉以及激发组织创新或员工创造力（Morrison，2006；Mainemelis，2010；Dahling et al.，2012）。据此，研究者将能够或企图增进组织及组织成员福祉的员工偏离行为统称为正向偏离行为（Warren，2003；Spreitzer and Sonenshein，2003）。

为了更好地满足市场和顾客的要求，组织需要员工发挥个人的主观能动性，在适当的时机表现出于组织有益的偏离行为。然而，对于员工个人而言，正向偏离行为具有较大的风险性，可能会危及个人的组织形象，破坏人际关系，获得较低的绩效评价和较差的工作安排（Miceli et al.，2009；Dahling et al.，2012），因此，员工即使相信正向偏离能够增进组织利益，也不会轻易尝试。鉴于正向偏离行为的重要性以及员工对于正向偏离行为的重重顾虑，有必要采取相应的管理手段及措施，塑造适合正向偏离行为生存发展的组织环境。领导者的身份和地位使得领导行为成为一种重要的情境前因变量，能够显著地影响员工行

---

① 积极组织行为研究阵营分为两个主要学派，一个是以 Luthans 为领军人物的积极组织行为学（positive organizational behavior，POB）研究，另一个是以 Dutton 为核心的积极组织学（positive organizational scholarship，POS）研究。

为。本书探讨伦理型领导（ethical leadership）和辱虐管理（abusive supervision）对员工正向偏离行为的影响效应及其作用机制。为了全面而深入地说明伦理型领导和辱虐管理对员工正向偏离行为的影响，本书将围绕以下三个方面问题展开论述。

首先，厘清伦理型领导、辱虐管理与员工正向偏离行为的关系。国内外企业的社会负面事件的频繁曝出，引发了学术界对于管理者伦理问题的思考，研究者从内涵、影响机制、作用边界等方面对伦理型领导进行了剖析，然而相关研究还处于起步阶段，有待进一步发展。更加重要的是，伦理型领导契合中国传统文化对于领导人物的一贯期许（如儒家推崇的"仁""义""礼""信"等），因此，基于中国情境探讨伦理型领导相关问题具有重要的理论价值和现实意义。Vadera 和 Pratt（2013）通过梳理正向偏离行为的相关文献指出，考察辱虐管理与员工正向偏离行为的关系是一个重要的研究方向。大量研究表明，辱虐管理给员工的心理、态度及行为造成了较为严重的消极影响，是一种不应该发生的破坏性领导行为（Tepper，2000）。一种领导风格能否生存发展取决于社会文化、组织氛围、人员素质等多方面因素（刘军等，2009）。当前，中国社会既承袭了高权力距离、上尊下卑的传统文化，也存在着制度约束力不足的现实问题，这些条件共同孕育了一片易于辱虐管理扎根的土壤。另外，在中国传统制造业中，劳动力较为密集，一线员工可替代性较高，进一步加剧了辱虐管理的泛滥（刘军等，2013；Wei and Si，2013）。为了响应学者号召，并回应社会现实问题，有必要分析伦理型领导和辱虐管理对员工正向偏离行为的影响效应。

其次，揭示伦理型领导和辱虐管理影响员工正向偏离行为的作用机理。如果本书的研究结果证实，伦理型领导促进员工正向偏离行为，而辱虐管理抑制员工正向偏离行为，那么接下来就需要打开"黑箱"，揭示伦理型领导、辱虐管理影响员工正向偏离行为的深层次作用机理。以往的研究表明，员工将领导视为组织和权力的象征，领导行为能够激发他们与组织有关的心理感知，并影响他们的行为表现（吴维库等，2012）。作为正面领导行为和负面领导行为的代表，伦理型领导和辱虐管理必然激发员工截然不同的心理反应，本书将建构相应的中介作用模型，提出研究假设，并对模型及假设加以验证。

最后，剖析伦理型领导和辱虐管理影响员工正向偏离行为的权变机制。通过对员工正向偏离行为、社会困境理论领域的文献梳理，发现员工正向偏离行为承载着矛盾，会导致员工的短期成本与组织的长期利益之间的冲突，使员工置身于社会困境之中。鉴于此，本书尝试在社会困境框架下，解释伦理型领导和辱虐管理发挥作用的边界条件。根据权变领导理论，领导效能是领导者、被领导者及环境因素三个方面交互作用的结果。以往的研究较为关注的是领导者特质、行为等对领导效能的影响，近年来，被领导者在领导过程中的作用受到研究者越来越多的关注，也是未来需要持续发展的研究方向（刘军等，2009）。为了响应研究者的号召，本书将从社会困境视角出发，考察员工个体因素对于伦理型领导、辱虐管理与员工正向偏离行为关系的调节作用。

第二章　员工正向偏离行为研究

本章首先界定员工正向偏离行为的概念，接着阐述正向偏离行为与相关行为之间的区别和联系，然后梳理有关员工正向偏离行为的结构与测量的文献，最后说明员工正向偏离行为的影响因素和影响效果，并指出以往研究中的不足，提出未来研究方向。

第一节　正向偏离行为的概念界定

"偏离"（deviate）一词来源于拉丁词语"de"和"via"。在拉丁语中，"de"表示"来自于"，"via"表示"道路"，deviate 即意味着"离开熟悉的道路"或者"不落俗套、不循常规"。关于如何界定偏离的问题，社会学家提出了两种代表性观点。第一种观点来自于社会标签理论（social labeling theorists），认为偏离与具体行为无关，而是社会大众赋予某些特殊群体的标签，如罪犯是危害社会的偏离型个体，道德型企业家是对社会有益的偏离型个体（Becker, 1963）。社会标签理论把偏离视为知觉的产物，固然具有合理性，却无法指导人们有效地增加或消除偏离行为。第二种观点持相反看法，认为偏离与特殊行为有关，是社会功能失调的反映。具体而言，当社会目标与实现目标的可行手段之间存在距离时，人们可能会实施两种偏离行为：一是对无法实现的社会目标加以反抗；二是利用不当的方式实现社会目标（Merton, 1949）。该观点强调了偏离的行为要素，却忽略了偏离行为的积极方面，缺乏完整性。在组织行为学领域，偏离行为最初是指那些出于报复或利己等不道德动机，故意违背组织的正式规则或非正式规定，从而对组织或社会利益造成损害的破坏性员工行为。近年来，越来越多的研究者发现工作场所的偏离行为并非都是有害的，并开始对正向偏离行为加以关注。

在组织行为学领域，研究者还未就正向偏离行为的界定达成共识，他们的分歧主要体现在三个方面。首先，分歧涉及研究范式的取向问题，表现在对正向偏离行为究竟是涵盖式术语（umbrella term）还是独立构念（construct）的判断上。两种取向在现有研究中均有所体现。在早期研究中，Galperin（2002）以及 Spreitzer 和 Sonenshein（2003）都认为正向偏离行为是独立构念。前者从结果视角将正向偏离行为定义为"为了增进组织或/和组织成员福祉而违反组织重要规范的自愿行为"，后者则从偏离方式出发，将正向偏离行为定义为"以可敬的方式违反相关利益群体规范的故意行为"。然而，Warren（2003）及 Vadera 等（2013）却认为正向偏离行为是涵盖式术语。其中，Vadera 等更明确地指出正向偏离行为是包含负责行为、创造性行为、建言行为、揭发行为、角色外行为、亲社会行为、亲社会性违规行为、反角色行为及议题营销等多种行为的集合概念。其次，研究者对正向偏离行为的动机和目标也持不同看法。Spreitzer 和 Sonenshein（2003）及 Warren（2003）强调正向偏离行为出自高尚的动机，符合社会超规范，以改善人类境况为目标。Galperin（2002）则认为正向偏离行为关注的是狭隘的组织或群体福祉，并未涉及增进社会福利的目标。最后，从研究对象的范围来看，完整的正向偏离行为应该包括偏离生产性规范和偏离非生产性规范的两类行为，但已有定义对于是否同时包括两者的认定并不清晰，实证研究也较少对偏离非生产性规范的行为予以重视。综上所述，本书认为存在分歧的主要原因如下：第一，对正向偏离行为的研究较为分散且相互孤立，不同的研究者从不同的角度和层面对同一种现象进行观察与思考，所得到的结果容易出现矛盾和分歧；第二，对行为性质的分析带有主观价值判断的成分，当判断者的价值取向不同时，他们对相同的行为必然产生不同的甚至截然相反的看法。

　　已有的界定虽然仍存在分歧，但在某些方面达成了一致。已有研究都认可正向偏离行为具有以下特征：①背离相关利益群体的规则，此处的相关利益群体包括组织、部门或团队等，即规则的来源具有多样性。②符合伦理道德标准和超规范，所谓超规范是指全球共享的价值观和信念（Warren，2003）。正向偏离行为固然打破了组织内部规范，却与更高层次的社会道德规范保持一致，这也体现了正向偏离行为与职场非伦理行为等偏差行为之间的差异（谭亚莉等，2013）。③行为主体在主观上是利他的，是为了实现相关利益群体的福祉，这体现了正向偏离行为与反生产行为等偏差行为之间的差异。④具有自我决定、自愿性，是一种角色外行为。综上所述，本书认为正向偏离行为反映的是当组织规则或规范与组织绩效、员工福祉或超规范发生冲突时，员工在亲社会动机的驱动下，主动违反组织规则，以维护组织/员工利益或遵守超规范的行为。

第二节　正向偏离行为与相关行为辨析

　　正向偏离行为反映的是虽然偏离组织规范,却有利于实现相关利益群体的福祉的积极行为，具有故意性、自我决定等特征（李红和刘洪，2014），与亲组织型不道德行为、组织权宜行为、主动性行为、组织公民行为等存在联系和区别。为了更好地认识正向偏离行为，对其与这些行为之间的异同作出辨析（表 2-1）。

表 2-1　正向偏离行为与相关行为辨析

相关行为	定义	主要相同点	主要不同点
亲组织型不道德行为	以增强组织福祉或组织成员（如领导）行为的有效性为目标，违反社会核心价值观、道德观念、法律规范的不道德行为（Umphress et al.，2011）	①目标及动机 ②自发性 ③偏离性	①是否违反道德伦理规范 ②是否打破组织规则
组织权宜行为	为了实现组织规定的目标而故意打破或歪曲组织规则、规范、指令的行为（Parks et al.，2010）	①自发性 ②偏离性	①研究对象的范围 ②目标及动机
主动性行为	员工用来影响自己或组织的带有预期目标的自发性行为（Gran and Ashford，2008），以改善和提高个体或环境的现状为目标	①目标 ②自发性	①是否打破组织规则 ②主动性行为具有前瞻性、计划性、变革性等特征，正向偏离行为并不具备
组织公民行为	员工的自发性行为，尽管不为组织的正式薪酬体系所鼓励，但可以对组织运作发挥积极作用（Smith et al.，1983）	①目标及动机 ②自发性	①是否打破组织规则 ②相对而言，组织公民行为较常见、风险较小、成本较低、较不重要

资料来源：根据相关文献整理。

一、亲组织型不道德行为

亲组织型不道德行为（unethical pro-organizational behavior）和正向偏离行为的共性主要体现在：第一，都出于利他性动机，并且都以增进组织利益为目标；第二，都具有自发性，而不是工作职责要求履行的行为；第三，均为偏离行为，亲组织型不道德行为者违背了社会道德规范，正向偏离行为者偏离了组织规范。两者的区别非常明显：亲组织型不道德行为者指的是为了维护组织利益而违反社会伦理的行为，正向偏离行为者则符合社会道德规范；此外，正向偏离行为者打破组织规则，亲组织型不道德行为者则可能偏离组织规则，也可能与组织规则一致（Umphress et al.，2011）。

二、组织权宜行为

组织权宜行为（organizational expedience behavior）和正向偏离行为都是偏离行为，两者的区别如下：首先，从研究对象来看，组织权宜行为和正向偏离行为都是故意打破组织规范的行为，然而前者作用对象的范围更广，涵盖了规则、规范以及指令；其次，从行为目的来看，正向偏离行为关注的是组织利益或更宏大的社会福祉，组织权宜行为则以实现个体的工作目标为目的；最后，从行为动机来看，正向偏离行为具有利他性，而组织权宜行为本质上是一种结果导向的利己行为（Parks et al.，2010）。

三、主动性行为

根据相关文献，主动性行为（proactive behavior）和正向偏离行为存在交叉，负责行为、建言行为、议题营销和亲社会性违规行为等同时隶属于这两个概念范畴（Grant and Ashford，2008；Vadera et al.，2013）。两者都具有自发性，都以改善或改变个体或组织为目标（Spreitzer and Sonenshein，2004）。两者的差异体现在：主动性行为具有前瞻性、计划性、变革性等特征，正向偏离行为则不具备这些特征；此外，正向偏离行为是打破组织规则的行为，主动性行为却并不涉及是否违规的判断。

四、组织公民行为

组织公民行为（organizational citizen behavior）与正向偏离行为都是角色外行为，均充满善意，并且都以维护组织或个体的利益为目标。然而，两者又有显著区别：一是组织公民行为反映的是"正式的角色期望和工作要求没有强迫员工履行的工作任务"（LePine et al.，2002），与相关利益群体的规范没有发生背离；二是就性质而言，组织公民行为重要程度较低、较常见，几乎没有成本和风险，正向偏离行为则显著偏离规范，具有较大的风险及较高的成本。

第三节　正向偏离行为的结构与测量

正向偏离行为有两种测量方式：一是将正向偏离行为作为涵盖式术语，直接用测量各种子行为的成熟量表进行测量；二是将正向偏离行为作为一个独立的构念，开发专门的量表。

Galperin（2002）根据正向偏离行为的内容将其划分为三个维度：①创新性正向偏离行为，指以革新的、非传统的方式帮助组织的员工行为，包括"开发解决问题的创造性方法"等 5 个测项；②挑战性正向偏离行为，指为了帮助组织而打破或公然挑战既定规范的员工行为，包括"为了完成工作而篡改或打破规则"等 6 个测项；③人际正向偏离行为，指针对个体而非组织的正向偏离行为，包括"为了改进现有工作程序而不同意工作小组中其他人的意见"等 5 个测项。该量表由行为主体自评，并采用 Likert 7 点评分法，"1"代表"从不这样做"，"7"代表"每天都这样做"。Galperin 和 Burke（2006）在实证研究中采用了该量表，研究结果显示三个维度的 α 系数均在 0.72～0.81。

　　自评式问卷调查法具有快速有效、成本低廉的优势，但需要解决社会称许性偏差问题，因为正向偏离行为的"偏离"属性必然妨碍被试的真实描述。为了解决该问题，研究者做了一些尝试。Spreitzer 和 Sonenshein（2004）从理论层面进行了探索，并提出了初步构想。按照他们的设计，测量题项被划分为故意性、偏离规范和道德性三个方面："故意性"考察行为的自愿、自主和目的性等特征，包括"事件中的行为是故意而不是偶然发生的"等 4 个测项；"偏离规范"关注行为偏离规范的程度，包括"事件中的行为显著偏离单位/组织、行业、实践或一般性商业准则"等 3 个测项；"道德性"聚焦于行为的道德特征，包括"事件中的行为是可敬的"等 4 个测项。该量表的特殊性体现在：第一，应答者在对测项做出评价之前，先回忆与正向偏离行为有关的事件或片段，然后根据该事件的行为特征来进行评价；第二，应答者不是行为主体，而是相关利益群体，因而这是一种相对客观的第三方评价；第三，对行为的偏离程度而不是发生频次做出判断。

　　综上，作为独立构念的正向偏离行为的测量，现有研究仍处于起步阶段。研究者尽管都认为正向偏离行为是一个多维构念，但是尚未就其结构和内容达成共识。此外，在测量方法方面也存在不足。值得重视的是，当将中国员工作为被试时，自评式问卷调查法的社会称许性问题或将更加严重。受传统文化的熏陶，中国人一般认为"听话"和"守规矩"是良好的行为，而正向偏离行为与传统价值观背道而驰，真实披露相关意愿或行为十分不易，这给自评式问卷调查的有效性带来了挑战。尽管 Spreitzer 和 Sonenshein 的量表能够规避社会称许性偏差问题，却缺乏确认其有效性的实证研究。未来的研究须以验证 Spreitzer 和 Sonenshein（2004）量表的信效度为基础，进一步探讨其他方法的适用性，如访谈法、情境测试法（Frese et al.，1997）等，以便获取更加准确而有效的数据。

第四节　正向偏离行为的影响因素

　　本节根据 Vadera 等（2013）对正向偏离行为的界定，以负责行为、创造性行为、建言行为、揭发行为、角色外行为、亲社会性违规行为和议题营销等子行为为对象，从个体、团队、组织三个层面以及领导特征方面总结和讨论已有实证研究所涉及的影响因素。

一、个体层面

　　人格特质是影响正向偏离行为的重要因素之一，能够预测不同类型的正向偏离行为。在"大五"人格中，外向性人格是唯一能够稳定预测正向偏离行为的人格特质。研究表明，外向性人格正向影响个体的建言行为（LePine and Van Dyne，2001；Taggar，2002；Crant et al.，2011；梁建和唐京，2009）。主动性人格也能够正向预测揭发行为（Miceli et al.，2001）和建言行为（Crant et al.，2011）等。外向性人格和主动性人格的相同之处是愿意突破常规的约束、具有承担风险的勇气和改变现状的信心（LePine and Van Dyne，2001），这契合了正向偏离行为的特征要求，因此，具有外向性人格和主动性人格特质的个体表现出较多的正向偏离行为。

多项研究对自我价值感与正向偏离行为之间的关系展开了深入探索。自我价值感是个体对自己的能力、重要性等的自我认知，一般包括自我效能感、自信、自尊等。对自我价值认知较高者一般有更强烈的创新精神和信心，更不愿意被规则约束，偏好挑战性目标，追求目标时会付出更多的努力（Bandura，1986），因而自我价值感与正向偏离行为之间存在稳定的正相关关系。研究表明，自尊是建言行为的正向预测变量（LePine and Van Dyne，1998），自我效能感正向预测负责行为（Morrison and Phelps，1999）和创造性行为（Liao et al.，2010；Tierney and Farmer，2011）。Chiu（2003）以中国员工为样本，研究揭示了内部控制点与揭发行为之间的正相关关系。Park 和 Blenkinsopp（2009）认为，对潜在结果的预期影响个体行为，对行为后果的积极信念能够激发个体的正向偏离行为。实证研究支持了该推断，研究发现行动效能感正向预测个体的建言行为（Withey and Cooper，1989）。

积极的工作态度对正向偏离行为具有促进作用。Miceli 和 Near（1988）对 22家企业员工的调查显示，当观察到组织中的不道德现象时，喜爱工作的员工更倾向于揭发该现象。Rusbult 等（1988）通过实验研究发现，工作满意度和工作投入度都是建言行为的正向预测变量。此外，Bowling（2010）及 Tierney 和 Farmer（2002）发现，工作满意度能够增加个体的角色外行为。Janssen 等（1998）对上述的研究工作加以扩展，将工作满意度作为调节变量纳入模型，发现工作满意度能够显著提高创新型认知风格与创新行为之间的关系强度。还有研究表明，承担风险的意愿决定个体的行为取向和表现，即员工的风险承担倾向越高，创造力就越强（Madjar et al.，2011），也就更可能为了提升组织或利益相关者的福祉而违背组织规则或禁令（Morrison，2006）。

二、团队层面

团队依附感能够激发团队成员的正向偏离行为。根据社会交换理论，当员工依附于团队时，为了回馈这份积极情感，他们会主动维护团队或组织利益，甚至愿意为此偏离相关利益群体的规范。已有研究主要以团队满意度和认同感为对象，探讨了团队依附感与正向偏离行为之间的关系。研究表明，团队满意度与个体建言行为关系密切（LePine and Van Dyne，1998；Morrison et al.，2011），团队认同感能够正向预测个体的建言行为（Hirst et al.，2009），对工作单位的认同感正向影响个体的角色外行为（Olkkonen and Lipponen，2006）。

已有研究还探讨了团队特征、团队氛围和个体因素对正向偏离行为的共同影响。LePine 和 Van Dyne（1998）考察了团队规模、团队管理风格等团队特征变量和团队满意度对正向偏离行为的交互作用，发现团队满意度较高的个体对团队特征的变化更敏感。Mueller 和 Kamdar（2011）通过深入分析个体向团队寻求帮助的过程，探讨了团队中的帮助文化对帮助寻求者个人创造力的双重影响。Morrison 等（2011）聚焦于情境因素对正向偏离行为的直接影响，发现团队建言氛围与个体建言行为关系密切，能够解释个体满意度和认同感无法解释的方差。

研究者还从关系视角探讨了部门、团队及同事支持等因素对正向偏离行为的影响。Liu 等（2011）利用多层次样本揭示了部门自我决定支持取向、团队自我决定支持取向和个体自我决定取向对个体创造力的联合影响。Zhou 和 George（2001）的研究揭示，同事支持对个体创造力具有促进作用，当个体的持续承诺较高，且同事的有效反馈及帮助和支持较多时，负面工作态度对个体创造力的消极影响降至最低。

三、组织层面

组织文化和氛围影响员工的正向偏离行为。Stamper 和 Van Dyne（2001）基于社会交换理论，探讨了官僚主义组织文化与建言行为之间的关系，他们发现当组织的官僚文化气息较弱时，对组织投入较多的全职员工会更主动地建言献策，兼职员工则不受组织文化的影响。同样，根据社会交换理论，Xu 和 Ziegenfuss（2008）揭示了薪酬对员工揭发行为的积极暗示作用，如果能够获得报酬，内部审计师会更愿意向上级报告组织的不道德行为。已有研究并未局限于企业员工样本，Rothwell 和 Baldwin（2007）以美国佐治亚州警务人员为调研对象，研究发现组织友好氛围能够正向预测警务人员的揭发行为。

研究者还从社会交换视角，对程序公平与正向偏离行为之间的关系进行了探究。Victor 等（1993）提出并证实，当组织公平地对待员工时，员工会产生回馈组织的责任感，继而表现出较多的揭发行为。依据同样的逻辑，McAllister 等（2007）发现程序公平正向地预测员工的负责行为，Moon 等（2008）进一步证实了该结论。

组织支持是正向偏离行为的另一个重要的预测变量，并已得到研究者的广泛关注。多项研究表明，组织支持感能够稳定地预测员工的创造性行为（Zhou and

George，2001；Farmer et al.，2003）。Ashford 等（1998）发现，组织支持感对员工提出和解决性别公平问题的意愿具有正向影响。近年来，有关组织支持与正向偏离行为关系的研究不断向前推进，主要表现如下：Eisenberger 等（2001）对组织支持感影响角色外行为的内在机制进行了剖析，发现个体责任感中介了两者之间的关系；Tucker 等（2008）将研究对象具体化，聚焦于特定方面的组织支持，发现对司机安全的组织支持能够有效激发司机的建言行为；Chen 等（2009）则采用相对严谨的纵向研究方法，揭示了组织支持对角色外绩效的正向影响。

四、领导因素

与领导有关的影响因素研究主要集中于两个视角。一个是关系视角，探讨了员工与领导的关系质量对员工正向偏离行为的影响。研究表明，领导-成员交换（leader-member exchange，LMX）可以正向预测员工建言行为（Burris et al.，2008）、揭发行为（Bhal and Dadhich，2011）及创造性行为（Liao et al.，2010）。Van Dyne 等（2008）聚焦于 LMX 影响建言行为的边界条件，通过实证研究发现，员工对建言行为的角色感知决定了 LMX 能否影响其行为，只有在员工将建言视为一种角色内行为的情况下，LMX 才能对他们的建言行为产生积极影响。另一个是领导行为视角，探讨了变革型领导、上级支持等领导行为对员工正向偏离行为的影响。变革型领导激励下属挑战组织现状及质疑工作假设，关注员工的发展和创新，因此他们的下属更倾向于灵活主动地解决问题。相关研究证实，变革型领导的下属具有更多的创造性行为绩效（Shin and Zhou，2003）、角色外行为（Whittington et al.，2004）和建言行为（Detert and Burris，2007；吴隆增等，2011）。还有研究表明，上级支持正向预测下属的建言行为（Detert and Treviño，2010）、揭发行为（Sims and Keenan，1998）和创造力（Redmond et al.，1993）。管理开放性对员工建言行为（Detert and Burris，2007；周建涛和廖建桥，2013）和负责行为（Morrison and Phelps，1999）同样具有正向影响。Oldham 和 Cummings（1996）发现在控制其他因素的条件下，当上级采取非控制式管理手段时，下属的工作成果最富有创造力。George 和 Zhou（2001）则发现控制型领导抑制下属的创造力，这从反面验证了上述结论。

国内研究者还关注了华人组织中常见的一些领导风格对正向偏离行为的影响。家长式领导是华人企业中最普遍的领导方式之一，一般认为由权威领导、仁慈领导和德行领导三个维度构成（郑伯壎和黄敏萍，2000）。段锦云（2012）探讨了家长式领导的各维度对员工建言行为的直接作用和交互影响，发现德行领导促进下属建言，权威领导抑制下属建言，两者交互影响下属的建言行为，表现为高德行低权威的领导风格最能使下属主动建言献策。此外，周建涛和廖建桥（2012）

则以权威领导维度为研究对象，揭示了权威领导对员工建言行为的消极影响。自我牺牲型领导为了实现集体或下属福祉而甘愿放弃自身利益，与注重集体价值和提倡个人奉献的中国传统价值观颇为契合。王国峰等（2013）以中国台湾地区多家餐厅的员工及其主管为样本，研究发现自我牺牲型领导能够正向预测下属的亲社会行为。

第五节　正向偏离行为的影响效果

已有研究聚焦于正向偏离行为的影响因素，而较少关注其结果变量，本节从个体和组织两个层面对其影响结果加以梳理与评价。

从个体层面来看，正向偏离行为的影响具有双重性。一方面，正向偏离行为能够对个体产生消极影响。例如，关于揭发行为与结果变量关系的研究表明，揭发行为可能破坏员工的公共形象，使他们被领导和同事视为麻烦制造者或告密者，从而遭到排斥和冷遇，甚至受到惩罚或制裁，如较低的绩效评价或较差的工作安排等（Miceli et al.，2009）。再如，Dahling 等（2012）的研究也显示，亲社会性违规行为对个体绩效评价具有消极影响。Bryant 等（2010）则将研究对象从员工扩展到管理者，发现管理者的亲社会性违规行为降低下属的组织支持感和工作满意度，并削弱员工对管理者的信任感。另一方面，正向偏离行为也会产生积极结果。Vakola 和 Bourades（2005）的实证研究结果显示，建言行为能够正向影响其他人对建言者的绩效评价。Whiting 等（2008）进一步证实，在控制任务行为和帮助行为的条件下，建言行为仍然能够正向预测绩效评价。以往的研究聚焦于与工作相关的结果变量，较少关注行为主体的主观心理感受。近年来，越来越多的研究者对正向偏离行为引发的心理感知予以关注。例如，Avery 和 Quiñones（2002）探讨了员工建言行为对程序公平感的影响，他们发现建言行为能够正向影响员工的心理健康水平。正向偏离行为对个体员工的双重影响，虽然给管理实践造成了困扰，但是也为未来的研究提供了新的空间，已有研究对影响正向偏离行为作用效力的调节变量进行了探索。例如，Baer（2012）对议题营销和创造性行为关系的研究表明，员工在推销议题的过程中，若能与潜在支持者成为盟友，则能吸引吸引更多的关注。再如，Hung 等（2012）发现，政治技能可以有效缓解员工的建言行为对其绩效评价的消极影响。关于正向偏离行为对个体的影响，现有研究还没有得出一致的结论，多数研究还停留在探讨变量之间的关系上，涉及的结果变量也不够全面。未来可以将更多的情境因素（如组织和团队氛围）和结果变量（如职业生涯成功）纳入研究模型中。

从组织整体的角度来说，正向偏离行为同样是一把双刃剑：一方面，正向偏离行为使相关利益群体受益，能够提高生产效率和员工留职倾向，从而对组织整体产生积极影响；另一方面，对于不同组织部门而言，正向偏离行为的影响效应可能大相径庭。例如，为了提高工作效率和节约成本，物流部门决定借助高科技手段来跟踪商品库存，然而新系统却无法与其他部门的运作方式有效协调，其他部门的损失冲抵了物流部门的收益，最终组织的净收益为负值。综上，正向偏离行为对组织整体的影响还有待后续研究做出回答。

第六节　正向偏离行为研究的不足及未来研究方向

在当前复杂多变的外部环境下，组织规则和规范对员工行为的约束力越来越弱，这一方面要求组织对员工的突破和创新给予支持与鼓励；另一方面要求组织对员工的不受控行为予以积极引导。正向偏离行为在理论上为解释员工偏离行为提供了一个新的视角，同时，对于正向偏离行为的影响因素、作用机制等的探究有助于组织有效应对员工的正向偏离行为。以往的研究对正向偏离行为的内涵、影响因素、影响结果等进行了探讨，这对于洞悉和把握正向偏离行为具有十分重要的作用，但是现有研究也不可避免地存在一些不足之处，有待未来的研究进行完善，具体如下（图 2-1）。

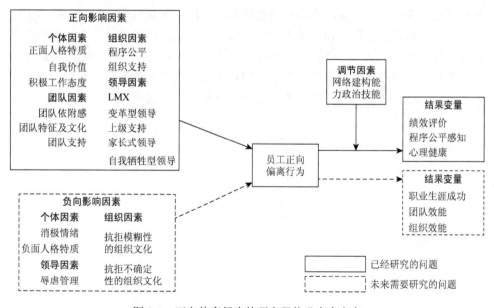

图 2-1　正向偏离行为的研究现状及未来方向

首先，统一定义和优化测量方法。有效测量的前提是对研究现象的理论边界和核心特征的清晰阐释，已有研究在正向偏离行为的动机、目标以及研究范围等方面还存在分歧，这给测量工作造成了干扰。未来的研究需要在统一定义的基础上，进一步优化和补充测量工具。

其次，将研究对象从一般员工扩展至管理者。目前，正向偏离行为的研究对象主要集中于一般员工。在现实环境中，偏离主体并不止于一般员工，作为组织规则的制定者和维护者，在特定情况下，管理者也可能跨越"雷池"。更重要的是，较高的地位和权力使得领导者的正向偏离行为必将产生更广泛、更强烈的影响。如何评估管理者正向偏离行为的价值？哪些因素促进管理者正向偏离行为的发生？行为结果究竟如何？这些问题也需要后续研究做出回答。

再次，全面探讨影响因素及影响结果。就影响因素而言，已有研究主要关注人格特质、认知特征等方面的因素，对个体情绪变量还缺乏充分的关注；另外，与领导有关的影响因素则聚焦于相对成熟的领导行为，还未涉及辱虐管理、伦理型领导等新兴的领导方式。此外，大多数研究探讨的是哪些因素能够激发员工的正向偏离行为，而忽略了那些能够抑制员工正向偏离行为的因素，这不利于实现对正向偏离行为的全面掌控，未来有必要对正向偏离行为的抑制性前因给予更多关注（Vadera et al.，2013）。就结果变量而言，正向偏离行为对个体和组织的影响都未明确，后续研究需要以现有结论为基础，进一步开展深入的理论和实证研究。

最后，本土化和跨文化研究。在中国传统文化和价值观盛行的华人组织中，人们对正向偏离行为内涵的诠释和价值的判断与西方是否有所不同？在西方文化背景下开发的测量工具是否适用于中国情境？中国员工正向偏离行为的影响因素和影响结果是否与西方一致？这些问题都有待考证。从跨文化的视角，借助比较研究的方法，揭示中西方文化情境下人们对正向偏离行为的不同理解以及正向偏离行为影响因素与影响结果的异同，是一个值得关注的研究方向。

第三章　领导行为理论研究

本章首先对领导的概念、本质和特征等进行探讨，接着从内涵与结构、影响因素、影响效果及使用机制三个角度，对伦理型领导的相关文献进行梳理，最后从概念与特征、影响因素、影响效果及使用机制三个方面对辱虐管理的相关文献进行回顾。

第一节　领导与领导行为

一、领导的内涵及本质

从领导一词的语义上来说，领导是指"率领并引导"[①]。因此，领导的含义包括"领"和"导"两个方面，既要带领下属朝着共同的方向和目标迈进，也要教导下属如何正确地迈出步伐，或者说领导就是以共同的目标联合人们，并且鼓舞他们采取达成目标的行动（Luthans and Avolio，2009）。

在领导学的相关研究及文献中，不同研究者并没有对领导给出统一的定义，他们基于不同的角度和个人的兴趣，对领导进行了不同的甚至截然相反的诠释。其中，比较具有影响力的定义如下：当个体运用制度、政治、精神及其他方面的资源激荡、促发和满足追随者的动机时，就实现了对追随者的领导；领导是指对组织日常活动的机制性影响；领导是指出组织能够实现什么，并于其中阐明愿景、赋予价值和创造环境；领导是借助外部文化的影响力，使组织具有更好地适应变化的能力；领导是能够影响他人为了实现共同的目标而舍弃个人的利益，即使超过自己的职责范围，也愿意作出重要的牺牲（王辉，2008）。

综上所述，研究者关于领导的定义并没有达成一致，然而综观各种定义，共通之处都是强调影响力在领导过程中所扮演的角色（Luthans and Avolio，2009）。总体来说，研究者对于领导本质的一致看法是：领导是一种影响他人的能力和过程。领导者通过个人的行为表现、人格魅力、沟通能力等影响他人，促使大家朝着共同的方向前进。为了实现这个目标，领导者需要从两个方面去努力：一是确定共同目标或愿景，并让下属认同共同目标；二是引领下属朝着共同目标不断地前进。

---

① 中国社会科学院语言研究所词典编辑室. 现代汉语词典. 6 版. 北京：商务印书馆，2012（2015.7 重印）.

二、领导行为理论的变迁

自 20 世纪 30 年代开始,西方的领导理论得到了蓬勃发展,迄今为止,历经了领导特质理论(trait theories of leadership)、领导行为理论(behavioral theories of leadership)和领导权变理论(contingency theories of leadership)三个不同阶段。领导行为理论是领导理论的重要分支,也是近年来领导理论发展的主流方向。领导行为理论的意义及价值在于,如果优秀的领导者总是不约而同地表现出某些行为,将这些行为加以总结,从中提炼出共同特征,这些特征就可以用于塑造和培养领导者。下面首先阐述较为具有影响力的早期领导行为理论,然后介绍近些年来领导行为理论所取得的新进展,重点介绍魅力型领导(charismatic leadership)和变革型领导(transformational leadership)理论。

(一)早期的领导行为理论

1. 爱荷华州立大学领导研究

20 世纪 30 年代,美国爱荷华州立大学的心理学家 Lippitt 和 White 进行了一系列有关领导的研究,研究结论对心理学、管理学等多个学科产生了持久的影响。这些研究以 10 岁男孩为研究对象,采用实验研究方法,探讨了三种不同类型的领导风格,即独裁型领导者、民主型领导者和放任型领导者对团队成员的攻击行为的影响。研究结果表明,跟随放任型领导的男孩表现出最多数量的攻击行为,跟随独裁型领导的男孩的反应模式是攻击性的或缺乏感情的,而民主型领导带领的男孩的攻击行为数量介于放任型领导与独裁型领导之间。上述研究结论揭示,不同类型的领导风格使得相似的团队成员产生不同的反应。值得一提的是,这个研究是最早的关于领导行为对团队影响的实验研究,在领导学的发展史上具有重要的意义。

2. 俄亥俄州立大学领导研究

20 世纪 40 年代末期,俄亥俄州立大学的商业研究所开展了一系列关于领导的研究。研究者是来自于心理学、社会学和经济学等跨学科领域的专家,研究对象包括军队的官员及士兵、企业高层及中层管理者、学校管理人员及教师,以及各种民间组织的领导者,研究主要运用领导行为描述问卷(leadership behavior description questionnaire,LBDQ)分析上述组织中领导者的表现。对样本进行因素分析,结果表明,领导行为较为稳定地表现为两个维度:关怀(consideration)

和创建结构（initiating structure）。关怀维度强调领导者与下属之间的人际交往和沟通，尊重和关心下属，与下属建立信任、温暖、和谐的关系；创建结构维度侧重于工作，包括明确组织结构、责权关系、工作程序及目标、工作方法和制度等，以此来约束和指导员工的工作行为。

3. 密歇根大学领导研究

在俄亥俄州立大学研究的同一时期，密歇根大学调查研究中心的研究者也开展了领导行为研究，他们探讨的是领导行为与员工工作满意度、生产率和工作绩效之间的关系。研究对象主要是一家保险公司的 24 个分部主管及其 419 名下属。研究结果显示，高生产率小组主管的领导方式是员工导向的，即重视人际关系，对员工表现出真正的关注，而低生产率小组主管的领导方式为生产导向的，即关注工作任务，把员工视为完成工作任务的工具和手段。此外，研究结果还表明，当领导者以员工为导向时，下属具有更高的工作满意度，而生产导向的领导者的下属员工则工作满意度较低。

（二）领导行为理论的发展

1. 魅力型领导理论

Charisma 一词源于希腊语，本意是指一种神授的礼物或才能，即上帝赋予的或天生的能力能够使一个人实现某种奇迹。这个词语最早带有灵性和宗教的意味，而将其纳入现代领导学的研究视野的则是美国管理学家 House 等。通过对政治和宗教领袖人物的分析，House 等（1991）指出魅力型领导是有自信且信任下属，对下属拥有高度的期望，有理想主义愿景，并发挥榜样作用的人。Conger 和 Kanungo（1987）通过研究得到了相似的结论，他们发现魅力型领导应该具有以下方面的特征：拥有强烈的自信，能提出独具匠心且引人入胜的愿景，并指明实现愿景的路径及方法，勇于承担风险以及愿意牺牲个人和家庭的利益。

领导的效力大小不仅取决于组织赋予的职权，而且仰仗于领导个人的人格魅力（House et al., 1991）。已有研究表明，魅力型领导的下属对他们怀有强烈的认同感，接受他们安排的工作任务，对他们具有无限忠诚和信心，效仿他们的价值观及行为，并从与他们的关系中获得自尊。基于此，魅力型领导的下属会产生高于期望的工作绩效，对领导者提出的愿景产生强烈的认同感，并在合作、动机等方面具有较好的表现。

关于魅力型领导是如何对追随者产生影响力的这一问题，研究者给出了两种不同的解释：一种是魅力型领导的归因理论（Conger and Kanungo，1987；Conger and Kanungo，1998）；另一种是魅力型领导的自我概念理论。按照归因理论的解释，魅力型领导通过塑造员工的内部动机和价值观，来影响员工的行为表现。一方面，领导者的人格魅力激发了员工的内在信念，他们希望自己让领导愉悦，希望获得领导的认可和表扬，由此增强个人的自信。维持乃至增进领导的认可，并尽力满足领导者的期望，这些构成了他们采取行动的内在动机；另一方面，魅力型领导能够使员工主动接受与企业有关的价值观及信念，从而对员工的行为产生影响。归因理论从员工的角度探讨了魅力型领导发挥影响力的过程机制，而自我概念理论则从领导和员工相互作用的视角剖析了魅力型领导的作用机制。根据自我概念理论，领导力产生作用需要领导及员工双方的共同努力，如果没有员工完全的接纳、主动性的配合，领导力是不可能产生影响的。因此，魅力型领导要想发挥领导作用，既要依靠其超凡的个人魅力，也要员工愿意接受其影响，即双方在价值观、信念、自我概念等方面具有一致性，这样员工才会对领导产生认同感，主动内化领导的观念，而员工的价值观及态度等最终又会转化为内部动机和外在行为。

2. 变革型领导理论

Burns（1978）通过对政治领袖的定性分类研究，提出了两种截然相反的领导行为：交易型领导（transactional leadership）和变革型领导，据此，Bass（1985）构建了交易型领导理论和变革型领导理论。交易型领导与员工之间的关系建立在交换关系的基础上，当员工达成特定的目标及任务之后，领导提供物质或精神奖励作为回报，领导过程就是在完成一系列的交易。变革型领导则通过转换和提升员工的价值观、信念及需要，以此激励员工的动机和行为。在变革型领导的管理过程中，领导除了引导员工完成工作任务，还通过施展个人魅力，鼓舞及感召员工的积极信念，通过激励和支持来激发员工的聪明才智，并通过对员工的个性化关怀改变他们的工作态度和价值观念，使他们为了组织利益而超越自身利益，从而更加主动地投入工作中（Bass and Avolio，1990）。

Bass 和 Avolio（1990；1996）基于西方文化背景的研究发现，变革型领导包括四个维度：领导魅力（charisma or idealized influence）、愿景激励（inspirational motivation）、智力激荡（intellectual stimulation）和个性化关怀（individualized consideration）。领导魅力是指领导者业务素质过硬、思想开明，具有较强的事业心和创新意识，工作投入度高，且能够用高标准要求自己等；愿景激励是指向员工描述组织的未来愿景，为员工指明奋斗目标和努力方向，向员工阐述工作的意义等；智力激荡是指通过激励和肯定员工，向员工提供支持及帮助，以此来激发员工的聪明才智；个性化关怀是指对员工工作和个人发展给予关注。李超平和时勘（2005）基于中国文化背景的研究表明，变革型领导包括愿景激励、领导魅力、个性化关怀和德行垂范四个维度。其中，愿景激励、领导魅力两个维度与 Bass 理论中的内涵基本一致，智力激荡在中国组织情境中一部分并入领导魅力，另一部分则并入个性化关怀。此外，中国式变革型领导的个性化关怀内涵更广泛，不仅涵盖了对员工工作状况和个人发展的关注，还包括对员工家庭和生活的关注。另外，最具中国文化特色的维度是德行垂范，是指领导者的勇于奉献、甘于牺牲、言行一致、以身作则，体现了中国传统文化中一贯的对于领导者德行的重视。

Bass 和 Avolio（1990）对交易型领导和变革型领导进行了比较研究，发现交易型领导适合稳定平庸的环境，而变革型领导则在组织面临革新和变化时，能够提升组织的绩效水平。已有研究大多数表明，变革型领导的领导魅力、个性化关怀和智力激荡维度能够提高领导的有效性，而交易型领导则无法提升领导效力（Bass，1995；Bass and Avolio，1996）。变革型领导为员工指明富有吸引力的愿景，对员工给予个性化的关怀、指导和帮助，严于律己、以身作则，富于牺牲和奉献精神，并鼓励员工大胆创新、勇于突破。这些做法能够提高员工对工作和组织的承诺，他们不仅会积极完成角色内的任务，还会表现出角色外行为（Wang et al.，2005）。

第二节　伦理型领导：道德人与道德管理者的综合体

一、伦理型领导的内涵与结构

（一）伦理型领导的内涵

伦理型领导是"领导的个人特质对领导效力的影响"这个研究主题在道德特质方面的延展和细化。相比非领导者，领导者的个人特质对组织成败具有极其关键的影响，领导者道德特质的影响在深度和广度上都更加显著（张笑峰和席酉民，2014）。近年来，伴随社会各界对企业的道德丑闻问题的关注，学术界关于领导的道德规范及角色的探讨不断深化，研究者从不同的角度表达了各自不同的观点。

Enderle（1987）从思维方式的角度界定伦理型领导的内涵，认为伦理型领导指明管理决策中涉及的伦理问题，并按照明确的道德准则规范决策过程。Treviño 等（2003）指出伦理型领导包含道德人和道德管理者两个方面的含义：一是合乎伦理的个人（ethical person），即具备诚实、可信赖、公平、有原则、利他等个体特质，在个人生活和职场工作中的行为符合道德规范，并执行符合道德规范的决策；二是合乎伦理的管理者（ethical manager），即通过树立道德规范的榜样和运用奖惩体系来向员工传播道德规范及价值标准，影响员工的道德或非道德行为。

Brown 等利用社会学习理论解释了伦理型领导发生影响的作用机制，指出伦理型领导通过塑造可信且引人注意的榜样身份，利用自身的权力和地位所带来的权威感，并通过照顾、关心员工以及公平决策，以此受到员工的积极关注，成为员工的学习榜样和效仿对象，从而成功地影响员工的道德决策及行为。在后续研究中，Brown 等进一步区分了高层伦理型领导和中层伦理型领导，高层伦理型领导关注的是与组织整体发展相关的权力分配、道德规范和外部利益相关者，中层伦理型领导则更注重关注内部员工关系，通过激励和引导直接影响员工。值得关注的是，高层伦理型领导和中层伦理型领导通过不同的作用机制发生效力，所产生的影响效果也具有显著差异，并且高层伦理型领导还借助涓滴效应影响中层伦理型领导的作用效力（Brown and Treviño，2006）。

伦理型领导理论在发展过程中，与真实型领导、精神型领导和变革型领导领域发生了交叉重叠，彼此之间既有相似之处，也存在区别。伦理型领导是指领导者在个人行动以及与员工交往过程中表现出符合道德规范的行为，并通过沟通、强化以及制定规范等方式在企业内部促进符合道德规范的行为（Brown et al.，2005）。真实型领导是指领导者把个人的积极心理能力与组织情境结合起来，从而激发员工强烈的自我意识和积极的自我调控行为，引导员工自我开发和成长的过程（Luthans and Avolio，2003）。精神型领导是指领导者从精神层面对员工进行激励和影响，给予员工关怀和照顾，并提出员工能够理解和接纳的组织愿景，让员工从中感受到来自组织和自身的召唤（Fry，2003）。变革型领导则是指领导者关怀每一位员工的发展需求，建立相互信任的氛围，促使员工超越个人私利，愿意为实现组织愿景而付出额外努力（Bass，1995）。

伦理型领导、变革型领导、精神型领导及真实型领导都具有利他动机，真诚地同情和关怀他人，是值得员工效仿的正直的人，在制定决策时都能够遵守道德规范。员工更愿意以这样的领导为榜样，内化他们的价值观，并认同他们设置的组织愿景。但是，伦理型领导与其他类型领导的显著区别在于，伦理型领导关注了领导者对员工在工作过程中的道德或不道德行为的影响，而其他三类领导都没有探讨这个问题。另外，其他三种领导的概念中也包含一些伦理型领导并不具备的特质。例如，真实型领导强调领导者的真实性和自我意识，而伦理型领导强调道德管理和他人意识。再如，精神型领导强调梦想、期望和信念，把工作视为一种召唤，而伦理型领导以道德规范管理员工，以道德榜样的力量影响员工。变革型领导强调组织愿景、共同价值观，以及对员工的智力激荡，这些特质同样是伦理型领导不具备的。

（二）维度与测量

伦理型领导的研究对象分为高层伦理型领导和中层伦理型领导，研究角度也经历了从领导角色、关键特性到领导行为的变化，相应地对伦理型领导构念的测量也越来越深入和细致。有些研究以中层伦理型领导作为研究对象，揭示出授权、动机与性格是伦理型领导的两大维度（Khuntia and Suar，2004）。还有研究运用跨文化比较研究方法，发现伦理型领导包括正直、利他主义、集体主义倾向和激励四个维度，并开发出由 15 个题项构成的伦理型领导量表（Resick et al.，2006）。Martin 等（2009）以中层伦理型领导为研究对象，通过对美国和德国的中层伦理型领导的跨文化比较研究，验证了 Resick 等提出的四维度构念。Brown 等（2005）虽然同样以中层管理者作为研究对象，然而他们开发的伦理型领导量表是单维度量表。De Hoogh 和 Den Hartog（2008）聚焦于伦理型领导的行为，以高层伦理型领导为调查对象，揭示了伦理型领导的三个维度，即道德公平、权力分权和角色界定。Kalshoven 等（2011）在 De Hoogh 等的研究基础上，进一步区分了伦理型领导的四个维度，包括以人为本、正直、道德向导和持续性关心。

二、伦理型领导的影响因素

已有研究揭示，道德型领导的影响因素可以分为情境因素和个人特质因素两种类型，具体情况如下所述。

（一）情境因素

根据社会学习理论，中层领导会观察和学习高层领导的道德榜样行为，因而高层领导会影响中层领导的伦理型领导行为，在领导者的职业生涯中接触一个道德榜样有助于伦理型领导行为的开发。遵从道德规范、支持道德行为的组织文化能够有效激发伦理型领导行为，若长期处于一个支持不道德行为的组织氛围中，领导者将不得不顺应环境来调整个人的领导风格。近年来，研究者对伦理型领导行为的情境影响因素做出了更加深入的探讨，分析了社会距离、决策情境和绩效压力等因素对伦理型领导行为的影响。例如，Tumasjan 等（2011）认为高社会距离会导致领导对道德不端行为进行苛刻的评估，从而降低伦理型领导评级。Cheryl和 Michael（2011）通过实证研究揭示，影响领导者道德决策制定过程的情境因素包括绩效压力、人际冲突、领导者制定决策的自主权、道德问题类型以及参与制定决策的他人的权威水平等。

（二）个人特质因素

在界定伦理型领导概念的过程中，研究者提出了很多伦理型领导应该具有的特点，如诚实、公平、正直、富有同情心、坚守原则等，具备上述个人特质的领导者更容易成为伦理型领导。Brown 等提出影响伦理型领导行为的个人特质包括宜人性、尽责性、道德推理、神经质、权术主义和心理控制源等。Brown 和 Treviño（2006）指出领导者道德推理水平、权力需求和内控型人格与其伦理型领导行为正相关。De Hoogh 和 Den Hartog（2008）通过实证研究，探讨了高层伦理型领导的形成机制，揭示出领导者社会责任感引发三个维度的伦理型领导行为，即道德公平、权力分权和角色界定。他们的研究探讨了领导者在组织外部承担社会责任与其在组织内部表现出伦理型领导行为之间的关系，具有重要的现实意义。Thomas 和 James（2011）认为三个方面的道德品质（道德自律、道德附属和道德自主权）能够促进伦理型领导行为的开发。如果领导者可以为了实现更大的社会利益而舍弃个人需求，认为遵守承诺比获取个人利益更重要，并具有自发地制定合乎道德规范的决策的能力，那么他们更容易引起员工的积极关注，并在双向沟通过程中影响员工的道德决策，展现出伦理型领导行为。

三、伦理型领导影响效果及作用机制

（一）引发员工反应

领导者一方面通过发挥道德模范作用，建立和维持道德标准，并以身作则地展示出伦理型领导行为；另一方面通过双向沟通以及实施奖惩措施，扮演道德管理者角色，从而展示出较高的领导效能。例如，De Hoogh 和 Den Hartog（2008）的实证研究结果验证了伦理型领导对组织-员工关系的显著正向影响。Toor 和 Ofori（2009）发现，伦理型领导行为激发员工的额外努力意愿，并提高员工对领导者的满意度。Brown 等（2005）的实证研究显示出相似的结论，伦理型领导增进员工的效能感和满意度以及主动性行为，如额外的工作投入、主动报告问题等。Avey 等（2011）认为，伦理型领导行为能够激发员工的组织公民行为，并抑制员工的偏差行为。基于社会交换理论、社会学习理论和社会认同理论，Walumbwa 和 Schaubroeck（2009）的研究表明，伦理型领导行为提高员工的工作绩效，促进员工的建言行为，同时在控制程序公正时，LMX 关系、自我效能、组织认同完全中介伦理型领导行为与员工绩效之间的正向关系。

De Hoogh 和 Den Hartog（2008）从高层领导层面探讨了伦理型领导的影响结果，高层领导的伦理型领导行为有助于提升高管团队的整体合作水平与决策效能，并促使组织成员对组织的未来发展形成乐观态度，这种影响是专制型领导无法形成的。同时，这个结论与 Fulmer（2004）研究揭示的领导者所展现的伦理型领导行为有助于组织长期性地留住高素质人才的结论相一致。

（二）塑造道德氛围

伦理型领导既是合乎伦理的个人，诚实公正、关心他人、值得信赖，也是合乎伦理的管理者，通过榜样力量、道德规范和奖惩措施影响员工的道德决策及行为。伦理型领导所承担的双重角色使得他们可以为组织营造出一种道德氛围，在这种环境中员工拥有强烈的道德问题意识，认为做正确的事情是重要的，具有较高的道德标准，并致力于提高组织的道德底线。

研究表明，道德氛围影响员工的态度和行为，如组织承诺、组织公民行为和产出水平等，并中介伦理型领导与员工反应之间的关系。例如，Neubert 等（2009）认为，领导者可以选择成为组织中美德或恶习的代言人，伦理型领导行为可以通过促进员工感知到组织中的道德氛围进而提升其工作满意度及组织承诺。Mayer 等（2009）的研究结论表明，当领导者展示出伦理型领导力时，有助于组织营造出道德氛围，处在这样的环境中，员工会减少从事不端行为的动机，更加关注道德规范问题，并尽力提升组织的道德底线。关于伦理型领导影响组织的伦理氛围这一观点，有研究者提出了相反的看法，例如，Uhl-Bien 和 Carsten（2007）认为营造道德氛围未必需要通过自上而下的方式，也可以通过塑造和支持认可员工价值的组织文化，鼓励员工建立个人的权力基础，提升员工的领导力技能，从而减少员工在面临道德不端领导者时无法做出反应的无力感，并激励员工主动表明自己的道德立场，最终营造和维持组织中的道德氛围。

（三）跨层级传递影响效力

研究者尽管认为伦理型领导可以分为高层伦理型领导和中层伦理型领导两个层面，高层伦理型领导和中层伦理型领导的作用机制、影响效果也具有显著的差异性，然而，关于高层伦理型领导与中层伦理型领导两者之中哪一个影响力更大、更重要的问题，相关的研究结论并不一致。例如，有研究者认为，组织地位和身份的特殊性使得高层领导尤为重要，高层管理者传达组织的道德价值观，并鼓励员工做出相应的行动，所以他们对员工行为具有非常关键的影响（Treviño et al.，2003；De Hoogh and Den Hartog，2008）；还有研究者提出了相反的观点，他们认为作为直接主管的中层领导者，与员工位置更接近，交流更密切，可以及时有效地对员工施以奖惩，因而更容易发挥道德模范和道德管理者的作用（Brown et al.，2005；Resick et al.，2006）；另外一些研究者则折中了上述两种观点，指出高层领导和中层领导的伦理型领导行为都很重要，中层领导者受到高层管理者伦理型领导力的涓滴效应的影响，高层管理者的道德品质通过中层领导者的行为反映出来，进而影响员工的道德行为和非道德行为（Mayer et al.，2009）。

近年来，研究者开始关注伦理型领导行为在不同组织层级中的传递过程，并取得了一定进展。Mayer 等（2009）的研究结果显示，员工对不同层级的伦理型领导的感知具有显著差别，但是这些感知是可以传递的，高层管理者的伦理型领导行为影响中层领导者的伦理意识和管理行为，中层领导的伦理型领导行为又直接影响员工的感知及行为，即中层领导的伦理型领导行为在高层管理者与员工工作反应之间发挥中介作用。这些研究结论有助于人们更好地理解现实世界，如果组织只是一味地强调提升高层领导者的道德素质，却没有强化中层领导者的伦理意识，那么是无法实现伦理型领导效能的有效传递的。此外，从员工角度而言，他们与中层领导者的互动更加频繁，沟通更为直接，关于组织伦理的认知也主要来源于对直接上级的道德行为的判断，因此中层领导者的伦理型领导行为的缺失是导致高层伦理型领导的影响力无法传递到员工身上的最重要的原因之一。

第三节　辱虐管理：破坏性领导的代表

在领导力的早期研究中，领导往往被自动地冠以"积极""有效""正确"等标签，是正确的价值观和良好的功能性作用的完美化身。随着安然丑闻、三聚氰胺毒奶粉事件等国内外社会负面事件的爆发，人们逐渐开始认识到，领导并非总是价值正确且效能良好的，甚至有些貌似正确的领导行为也隐藏着阴暗的一面，近年来研究者逐渐开始将目光投射到领导的阴暗面，即负面领导。负面领导也称为破坏性领导，是对各种不同类型的负面行为和人格特征的统称（路红等，2012）。负面领导绝不仅仅是有效领导行为的缺失，而是一种独立的领导方式，负面领导发挥作用的过程和条件与正面领导也截然不同。目前，有关破坏性领导的理论和实证研究主要集中于对辱虐管理问题的探究。

一、辱虐管理的概念与特征

由于文化传统的相似性，在东亚国家和地区的企业中辱虐管理现象较为普遍，如韩国、日本等的企业，以及中国台湾地区的企业等。辱虐管理能够产生强烈的破坏性后果，给组织及员工带来巨大的负面影响。辱虐管理指下属对于上级持续地表现出语言性或非语言性敌意行为的程度的知觉，包括公开批评、恶语相向、冷嘲热讽以及压迫等一些形式，但不包含身体接触式的殴打、性骚扰等（Tepper，2000；李楠楠等，2009）。

按照研究者对辱虐管理内涵的界定，以及相关的研究结果，辱虐管理一般具备以下一些特征。第一，辱虐管理是下属对上级行为的一种主观评价，这种评价受到两类因素的影响：一是下属个性、人口统计学变量等个体特征；二是工作环境、同事感知等客观环境。第二，辱虐管理具有持续性，是一种长期行为，除非被虐者或施虐者结束关系或施虐者改变自身行为，否则这种行为将长期存在下去。第三，上级对下属的辱虐行为具有故意性，但是他们并不是想要刻意地伤害下属，一般是为了实现某种目标（如取得高绩效），却不慎采取了不恰当的方式（Tepper，2007）。

二、辱虐管理的影响因素

（一）领导因素

领导的个人经历影响他们的辱虐行为。出现过家庭破坏（family undermining）行为的上级更容易做出辱虐行为，尤其是当此人的自我控制能力比较薄弱时，其成为辱虐式管理者的可能性更大（Kiewitz et al.，2012）。Burton 等（2012）发现，承受着巨大压力的上级更有可能对下属加以辱虐，身体锻炼能够改善他们情绪，从而有效减少辱虐倾向。根据攻击替代理论，Bushman 等（2005）认为，当领导经历了心理契约破坏或受到组织不公正对待时，他们将自身的愤怒与不满转移到下属身上，而且下属的负面情绪越强烈或表现出来的挑衅行为越多，他们受到辱虐的可能性就越大。凭借上一级别的领导对待下一级别领导的方式，可以判断出后者将如何面对自己的下属。Liu 等（2012）的研究发现，受到上级主管辱虐的团队领导更倾向于对团队成员实施辱虐管理。Mawritz 等（2012）的研究同样支持了这个结论，高层管理者对低层管理者的辱虐行为，激发出低层管理者自身的辱虐管理。事实上，即便只是观察到上级的辱虐行为，而不是实际的受虐对象时，这个结论依然成立，辱虐行为仍然可以向下传递（Harris et al.，2013）。领导对下属行为的归因影响他们对下属行为的反应。研究发现，当领导将下属业绩不佳的原因归结于内在因素时，更可能直接对他们做出辱虐行为（Mitchell and Kalb，1982）。

（二）下属因素

下属自身的某些特征要素影响到他们对上级辱虐行为的知觉。一项关于权谋式上级（machiavellian supervisors）与下属的受辱虐知觉关系的研究发现，基于组织自尊水平较低的下属，受到上级辱虐的知觉更强烈（Kiazad et al., 2010）。同样地，Wu 和 Hu（2009）的研究发现，与高核心自我评价的员工相比较，低核心自我评价的员工对辱虐管理的感知程度更高。此外，下属的归因风格也影响他们对上级辱虐管理的知觉，已有研究发现，如果下属倾向于将失败归因于其他人，那么他们更容易认为上级对自己进行了辱虐（Martinko et al., 2011）。

（三）关系

同事关系、上下级关系等可以预测领导的辱虐行为。Harris 等（2011）的研究揭示，当领导与同事之间发生冲突时，即使没有参与冲突的员工也会产生辱虐感知。此外，当上下级交换关系质量较低时，下属员工也容易产生遭到辱虐的感知（Harris et al., 2011）。还有研究表明，上下级关系质量不仅影响员工的个人主观感受，而且会对上级的辱虐行为造成实质性影响，当上级与员工的价值观和态度不一致时，双方更容易发生冲突，此时上级也会对员工更多地采取辱虐式管理（Tepper et al., 2011）。

（四）组织结构

研究表明，除了与个人或人与人有关的微观层次的要素，组织结构也可以预测上级领导的辱虐行为。Aryee 等（2008）的研究揭示，在机械化结构的组织中（如高度中心化结构及从上至下的沟通模式等），辱虐行为的破坏性影响要比在有机结构组织中更显著。

三、辱虐管理的影响效果及作用机制

（一）下属心理反应

已有研究发现，辱虐管理给下属造成巨大的心理压力，如焦虑、抑郁、耗竭、工作压力以及自我效能感降低等，然而下属的向上沟通能力可以改变上级辱虐管理的负面效果（Tepper, 2007）。例如，下属的沟通方式和技巧调节辱虐管理与下属的心理困扰之间的关系，如果下属采取直接沟通方式（如指出不公正感知），他们的心理困扰能够得到有效的缓解，但是如果他们采取回避策略，心理困扰会加重。再如，如果下属善于对上级使用逢迎（ingratiation）手段，他们将获得较多的控制感和社会支持，这能够有效释放他们的心理压力。此外，下属自身的个性倾向和掌握的资源数量也会改变辱虐管理的作用效力，当下属以积极角度看待自己和他人，或者拥有大量的财政和社会资源时，上级辱虐行为的负面影响会减轻许多（Tepper，2007）。

（二）下属工作态度

研究揭示上级的辱虐管理与下属的工作满意度、组织承诺等负相关，与下属的离职倾向正相关（Tepper，2007）。当上级采取不当的方式管理下属时，会引发下属的不公正感知、愤怒的情绪或对未来进一步遭受攻击的恐惧感，进而形成消极的工作态度和行为。上级辱虐行为对下属的影响程度随着一些内外部权变因素而变化，如工作流动性知觉（perceived job mobility），当个体认为市场上并没有太多就业机会时，会产生一种无力感，觉得自己被困在一个不满意的工作环境中，无法挣脱出去，这种负面感受使得他们对目前的工作更加不满意（Tepper，2000）。此外，领导的其他行为也影响辱虐管理与下属心理感知之间的关系。例如，研究发现，当领导一边对下属进行辱虐，另一边却对下属给予支持时，下属将接收到混乱而充满矛盾的信息，这使得他们的不安全感和应对成本上升，控制感和信任感下降，因此，上级支持反而加剧了辱虐管理对下属的心理知觉所造成的负面作用。

（三）下属破坏性行为

以往的研究发现，辱虐管理引发下属的负面行为，上级的冷嘲热讽、公开指责等行为可能导致下属的反感甚至对抗。Tepper 等（2001）的研究证实，辱虐管理与下属的功能不良性反抗行为密切相关；Bamberger 和 Bacharach（2006）发现，下属甚至采取酗酒的方式来应付上级的辱虐行为。值得关注的是，两个研究一致表明，责任心（conscientiousness）和宜人性（agreeableness）等人格特征能够抵御辱虐管理的消极影响，这表明并非每个下属受到上级辱虐时都会表现出不良行为。

还有研究揭示了辱虐管理行为会激起下属的愤怒情绪，他们会对同事或上级展开攻击（Schat et al.，2006）。当下属曾经出现过攻击行为时，遭遇上级的辱虐管理，他们更倾向于对上级进行攻击（Inness et al.，2005）。此外，下属的工作目的可以调节辱虐管理与下属攻击行为的关系，当下属工作的主要动力是经济收入时，辱虐管理更容易激发他们攻击上级；反之，当他们是为了实现自我价值而工作时，即便受到辱虐，他们也很少攻击上级（Dupré et al.，2006）。

多项研究表明辱虐管理与下属的反生产行为及偏离性组织行为密切相关，偏离性组织行为包括上级导向的偏离行为、人际偏离行为和组织导向的偏离行为三种形式（Mitchell and Ambrose, 2007）。还有一些研究探讨了辱虐管理与偏离性组织行为之间的权变因素，这些因素包括如下几项。①消极互惠信念（negative reciprocity）：当下属的消极互惠观念强烈时，一旦受到上级的辱虐管理，他们更可能对上级做出报复性的偏离行为，该结论正好吻合"一报还一报"（tit for tat）和替代性攻击（例如，被辱虐的下属将他们的怨恨和愤怒发泄到工作场所中的其他人身上）的观点（Mitchell and Ambrose, 2007）。②自尊：对低自尊者而言，辱虐管理与人际偏离行为和组织导向的偏离行为之间没有相关性；而对高自尊者而言，两者之间正相关。其原因可能在于，辱虐管理对高自尊者的自我形象的破坏力更强大，伤害程度更高，因而更容易引发敌对情绪。③寻求确认行为：寻求确认行为是个体证明和维持自我价值的一种方式，研究发现，下属的寻求确认倾向越强烈，辱虐管理与组织导向的偏离行为之间的正相关性越显著，因为寻求确认者的自我调节能力一般较差，更关注自己而不是外部影响，当他们遭遇威胁时更倾向于做出破坏性行为。④工作氛围：研究发现，在一个充满敌意的工作氛围中，辱虐管理与下属人际偏离行为的负相关关系更加强烈（Mawritz et al., 2012）。

（四）下属工作绩效

已有研究表明，辱虐管理与角色内绩效、角色外绩效之间都存在相关性。Harris 等（2007）的研究发现，辱虐管理与下属自评的绩效及领导者评定的绩效都显著负相关，下属对工作的重视程度可以调节辱虐管理与绩效考评结果之间的关系强度，当下属对自己的工作赋予较高意义时，辱虐管理与绩效之间负相关；当工作意义感较低时，辱虐管理则对绩效不产生影响。对下属来说，当工作在他们的心目中十分重要时，他们会投入更多资源，而在遭遇上级的辱虐管理时，他们也会花费更多精力和努力来解决问题。因此，他们投入在正常工作中的资源和时间减少，工作绩效水平下降。

Zellars 等（2002）的研究表明，辱虐管理与下属的组织公民行为之间负相关，下属的程序公平知觉中介了两者关系。当下属知觉到程序不公平时，他们会减少组织公民行为，以此报复上级和组织。该研究进一步发现，辱虐管理并不一定使组织公民行为减少，两者之间的负相关关系是否成立还取决于下属对组织公民行为的认知。如果下属认为组织公民行为是一种角色内行为，那么他们减少组织公民行为的可能性较少；反之，如果他们将组织公民行为界定为一种角色外行为，那么他们极有可能减少组织公民行为。Aryee 等（2007）的研究发现，下属的互动公正知觉完全中介了辱虐管理与下属的组织公民行为之间的作用关系。

（五）下属家庭幸福感

上级的辱虐管理不仅对下属的工作造成负面影响，而且会破坏他们的家庭幸福。Tepper（2000）发现，辱虐管理与下属的生活满意度负相关，与下属的工作-家庭冲突正相关。Hoobler 和 Brass（2006）的研究同样表明，当员工受到上级的辱虐行为之后，会将一些怨恨情绪发泄到家庭成员身上，辱虐管理与家庭破坏之间存在正相关关系。

第四章 心理授权——员工行为的心理助推器

本章首先说明传统授权理论与心理授权理论之间的关系，以及心理授权的概念与内容，接着回顾以往研究中涉及心理授权的结构与测量的相关研究成果，最后梳理心理授权的影响因素、影响效果及作用机制。

第一节 授权与心理授权

传统的授权理论认为，授权是组织所采取的分享权力的管理措施及手段，如领导决策权力的下放、向员工开放更多的信息、提供更多的资源等。基层员工所获得的信息、支持、资源和发展机会等的多寡程度共同决定了他们的被授权程度。然而，从授权的实际效果的角度而言，只有当员工认为自己"被授权"，并由此受到内在激励时，才有可能发生态度和行为上的改变。因此，授权管理措施能够真正发挥效用的关键在于被授权员工的心理感知。基于这种思考逻辑，研究者建议将授权研究的关注点从管理实践转向被授权员工的个体感知，并提出了心理授权（psychological empowerment）的概念（Conger and Kanungo，1988；Thomas and Velthouse，1990）。

按照 Conger 和 Kanungo（1988）的观点，从心理层面而言，授权是通过改变个体外部行为的设定，来达到改变个体的内在信念的目的，其本质上是一个通过提升个体的内部工作动机和自我效能感，进而改变个体行为的过程。Thomas 和 Velthouse（1990）认为心理授权是个体基于对工作环境的主观评价，并综合他人的看法而形成的关于工作的自我评价，这种评价影响个体的工作行为。Thomas 等进一步发展出心理授权的四维度模型，指出心理授权通过工作意义（meaning）、自我效能（self-efficacy or competence）、自我决定（self-determination）和工作影响（impact）四个认知维度体现出来。工作意义是指个体根据自己的理想及标准，对工作目标做出的价值判断，是关于工作意味着什么、工作在人生中所扮演角色的解释（Rosso et al.，2010）；自我效能是指个体对自己是否拥有完成工作所需的技能、能力和知识等的信念，在很大程度上决定着个体的行动方向，并对行为结果产生至关重要的影响（Spreitzer，1995）；自我决定是指个体对于工作行为及其过程中，与控制、选择或者自主决策相关的知觉，反映了个体在工作上的自主权；工作影响是指个体对工作结果的影响程度，如对组织策略、行政管理和经营绩效的影响程度等。

上述两种授权研究取向并非相互排斥，反而是密切联系的，授权管理措施是员工产生授权感知的必要前提，形成授权感知也是实施授权措施的目标归宿。基于这种认知，Menon（2001）综合传统授权和心理授权两派观点，指出心理授权包含三个基本成分：控制感（perceived control）、胜任感（perceived competence）和目标内化（goal internalization）。控制感反映了提高个体自主性等分权措施的作用效果，对应 Thomas 四维度模型中的"工作影响"和"自我决定"；胜任感与"自我效能"基本一致；目标内化则是授权的内在动力机制，体现出个体对实现组织目标的承诺。

第二节　心理授权的结构与测量

关于心理授权的结构与测量并没有形成统一的观点，研究者基于各自的研究取向，提出了各种不同的心理授权结构说。其中，代表性的观点包括单维结构说、三维结构说、四维结构说和六维结构说。单维结构说认为，心理授权即自我效能和内在工作动机。Menon（2001）和 Zimmerman（1995）的实证研究均表明心理授权是三维结构，但是他们对于三个维度的定义和测量截然不同。Menon 指出心理授权由目标内化、控制感和胜任感三个部分组成，并开发了包含 9 个题项和 3 个维度的量表，分维度的信度系数在 0.80～0.88。目标内化维度的量表包括 3 个题项，典型题项如我受到组织目标的鼓舞；控制感维度的量表包括 3 个题项，典型题项如我能够影响所在部门的工作方式；胜任感维度的量表也包括 3 个题项，典型题项如我具备较好地完成工作的能力。Zimmerman（1995）则将心理授权划分为个体内部成分、行为成分和个体与环境的相互作用三个维度，并据此开发了三维度的心理授权量表。

Thomas 和 Velthouse（1990）认为心理授权反映了个体的工作角色取向，包括工作意义、自我效能、自我决定和工作影响四个认知维度，Spreitzer（1995）以此为基础，编制了心理授权的四维度量表。该量表是目前应用最为广泛的心理授权测量工具（凌俐和陆昌勤，2007）。量表由 12 个题项组成，工作意义维度有 3 个题项，典型题项如我所做的工作对我来说非常有意义；自我效能维度有 3 个题项，典型题项如我相信自己有干好工作上的各项事情的能力；自我决定维度有 3 个题项，典型题项如我自己可以决定如何着手做我的工作；工作影响维度有 3 个题项，典型题项如我对发生在本部门的事情的影响很大。国内研究者李超平等（2006）检测了该量表在中国文化背景下的适用性，结果表明此量表具有良好的信度（信度系数在 0.72～0.86）和效度，可以应用于中国企业。

还有一些研究者开发了非企业组织领域的心理授权量表。例如，Akey 等

（2000）编制了家庭心理授权思维结构量表，该量表将心理授权划分为四个维度：对控制和能力的态度、正式参与组织活动、非正式参与组织活动及授权知识与技能评价，各维度的信度系数在 0.91～0.94。再如，Short 和 Rinehart（1992）以教师群体作为研究对象，开发了一个六维度心理授权量表，包括参与决策、专业发展、地位、自我效能、自主性和工作影响力，各维度的信度系数在 0.81～0.89。

第三节　心理授权的影响因素

一、个体因素

影响心理授权的个体因素主要包括人口统计学变量、人格特征等。已有研究表明，性别、年龄、教育程度、任期（tenure）和工作地位（work status）等人口统计学变量会影响个体的心理授权，然而不同研究取得的结论并不完全一致。例如，Spreitzer（1996）检验了年龄、教育程度和性别三个变量与心理授权的关系，结果表明只有教育程度与心理授权之间存在正相关关系，其他两个变量的关系不显著。Koberg 等（1999）则得出不同的研究结论，教育程度与心理授权之间的关系并不显著，而任期与心理授权呈显著正相关关系。还有研究考察了人口统计学变量与心理授权各维度（工作意义、工作影响和自我效能）之间的关系，结果表明：年长员工在心理授权及其三个维度上的评价均高于年轻员工；高中或更低文化程度员工在工作意义维度上的评价高于高中以上的员工；女性员工对心理授权及工作意义维度的评价总体上高于男性员工；任职时间在两年以上员工的自我效能的评价高于未满两年者；此外，全职员工在心理授权、工作意义和自我效能维度上的评价高于非全职员工。

一些人格特征变量影响个体的心理授权感知水平。例如，国内外多项研究均表明自尊影响心理授权感知水平。例如，Spreitzer（1995）的研究发现，自尊（self-esteem）与心理授权存在显著的正相关关系。Menon（2001）的研究表明，自尊与心理授权及其各维度均存在显著正相关关系。魏钧和张得（2006）及罗世辉和汤雅云（2003）的研究也证实自尊能够对心理授权产生正向影响。罗世辉等的研究还发现归因方式对心理授权也有影响：与外控型个体相比较，内控型个体具有更高的心理授权感知水平。此外，个体的解释风格显著影响心理授权水平，技能确认型个体倾向于将成功归因于个人的才能，所以心理授权水平相对较高；而关注缺陷型个体则聚焦于失败和缺陷，所以心理授权水平相对较低（Simoni et al.，2004）。

二、工作特征

根据工作特征理论，设计良好的工作一般包括技能多样性、任务一致性、任务重要性、自主性及反馈性等五大特征。具有这些特征的工作能够激发员工的内在工作动机，给员工带来工作意义、责任感和对工作结果的准确认知。这些体验与心理授权四个维度的含义十分类似，因此，研究者对五大工作特征与心理授权之间的关系进行了理论和实证研究。研究结果表明，工作特征对心理授权及其各维度均有不同程度的影响。例如，Liden 等（2000）及 Chen 和 Klimoski（2003）的研究都表明，工作特征对心理授权具有显著的正向影响。Kraimer 等（1999）探讨了工作特征与心理授权各维度之间的关系，结果表明，工作特征对各维度的影响程度并不一致：工作意义对意义维度的影响最为显著；工作自主性对自我决定维度的影响最为显著；而任务反馈则对工作影响维度及自我效能维度的影响最为显著。

三、组织因素

影响心理授权的组织因素可以归纳为团队、单位、领导、氛围及文化等方面。已有研究发现，团队有效性（group effectiveness）和团队价值（worth of group）对员工的心理授权感知水平有正向影响（Koberg et al.，1999）。团队协作精神不仅能够提高员工的总体心理授权感知水平，而且能够提升员工对工作意义和工作影响两个维度的感知水平（Mok and Au-Yeung，2002；Siegall and Gardner，2000）。Spreitzer（1996）探讨了工作单位的社会结构特征与员工心理授权之间的关系。将工作单位的社会结构特征以控制幅度（locus of span）、社会政治支持（sociopolitical support）、获得信息机会（access to information）、参与式氛围（participative unit climate）、角色模糊性（role ambiguity）及获得资源机会（access to resources）等因素来评价，研究结果表明，社会政治支持、获得信息机会、参与式氛围及控制幅度能够对员工的心理授权感知水平产生正向影响，而角色模糊性会对心理授权感知水平造成负向影响。

领导行为是决定员工心理授权的最关键的前因变量之一。多项研究证实，领导行为对员工的心理授权感知水平具有显著影响。例如，魅力型领导、变革型领导、领导支持等正面领导行为都能显著提高下属的心理授权感知水平（Conger et al.，2000；Peccei and Rosenthal，2001；Mok and Au-Yeung，2002；Avolio et al.，2004），高质量的 LMX 也能提升员工的心理授权感知水平（Kim and George，2005；Aryee and Chen，2006）。此外，Thomas 和 Velthouse（1990）提出领导的分权和协商行为对员工的心理授权感知水平具有积极的影响。Menon（2001）认为领导集权（centralization）会对员工的心理授权感知水平产生消极影响。Koberg 等（1999）对医疗行业的实证研究表明，领导的可接近性（leader approachability）能够显著提高员工的心理授权感知水平。

组织成员关于与授权相关的管理结构、措施及实践等的共同知觉称为授权氛围，已有研究表明，良好的授权氛围能有效提升员工的心理授权感知水平（Seibert and Silver，2004）。雷巧玲等（2006）对中国企业的实证研究揭示，员工导向型文化有助于提升知识型员工的心理授权感知水平，而任务导向型文化则会抑制知识型员工的心理授权感知水平。

第四节　心理授权的影响效果及作用机制

已有研究表明，员工心理授权水平影响他们与工作有关的知觉、行为、绩效水平等，心理授权的各维度也对员工的知觉及行为产生不同程度的影响。从心理反应及工作行为与绩效两个方面对相关研究进行综述，具体情况如下所述。

一、心理反应

大量研究探讨了心理授权对员工的感知及态度的影响，研究结果表明，心理授权的不同维度使员工产生不同的心理反应。例如，员工关于工作意义的感受越强烈，工作满意度就越高、组织承诺及职业意向（career intentions）也越强，离职倾向、职业倦怠则越低；工作影响和自我决定对工作满意度、组织承诺具有显著的正向影响；自我效能也对组织承诺产生显著的正向影响（Spreitzer et al.，1997；Kraimer et al.，1999；李超平等，2006）。还有一些研究却得到相反的结论，发现心理授权使员工产生负面的心理反应。例如，工作意义感知水平越高，员工越容易产生工作紧张感，高自我效能感知水平也会造成紧张感，并对职业意向造成负面影响（Spreitzer et al.，1997；Kraimer et al.，1999）。这些研究结论看似不合逻辑，然而深究之后，还是能够挖掘出合理之处。例如，当个体赋予工作意义感时，他们会对工作产生强烈的情感依附及认同感知，这使得工作在他们心目中的分量极重，对工作的期望值也极高，因此反而容易产生紧张的感觉（Spreitzer et al.，1997）。再如，高自我效能者希望从事富有挑战性的工作，而不是安于现状，这使得他们难以长期地从某种职业中获得满足感（Kraimer et al.，1999），因而自我效能与职业意向具有负相关关系。

还有研究成果揭示，心理授权在某些关系中扮演中介变量的角色。例如，心理授权完全中介了变革型领导与组织承诺、LMX 关系与工作满意度以及授权氛围与工作满意度之间的关系，部分中介了结构授权与工作满意度之间的关系（Seibert and Silver，2004；Avolio et al.，2004；Aryee and Chen，2006；陈永霞等，2006）。此外，心理授权的各维度也具有中介效用，能够传递前置变量的影响效力。例如，工作意义是工作特征与工作满意度、组织承诺之间的中介变量，自我效能也可以传递工作特征对工作满意度的影响（Liden et al.，2000）。此外，国内学者李超平等（2006）的研究表明，工作意义完全中介了变革型领导的德行垂范维度对员工满意度、组织承诺的正向影响，以及愿景激励对组织承诺的影响；自我效能完全中介了愿景激励对工作满意度、组织承诺的正向影响。此外，Janssen（2004）的研究还发现，主管与员工之间的冲突调节了员工的心理授权与组织承诺之间的关系，冲突程度越高，心理授权与组织承诺之间的正向关系越不显著。

二、工作行为与绩效

大量研究探讨了员工心理授权对工作行为的影响及其作用机制，发现心理授权及其不同维度能够激发员工的正向行为，并抑制员工的负向行为。例如，Spreitzer 等（1995；1999）的多项研究均揭示，高心理授权感知水平的员工具有较高的创新水平。Janssen（2005）的研究也证实，心理授权能够增进员工的创新行为，而上级支持则能够强化两者之间的关系，上级支持的程度越高，心理授权对创新行为的正向影响越强烈。研究还表明，心理授权影响员工的角色外行为，Spreitzer 等（1997）的实证研究揭示，心理授权对组织公民行为具有显著的正向影响。此外，多项研究表明，心理授权能够减少员工的不当行为。例如，Aryee 和 Chen（2006）等以中国企业员工为样本，通过实证研究揭示，心理授权能够降低员工的工作疏忽和怠慢等心理退却行为（psychological withdrawal behavior）。Hepworth 和 Towle（2004）的研究也发现，心理授权能够减少员工的工作侵犯（workplace aggression）行为。

多项研究表明，员工的心理授权感知水平对工作绩效具有促进作用。Seibert 和 Silver（2004）等的研究显示，个体的心理授权对工作绩效具有显著的正向影响。Chen（2005）以新员工为研究对象，揭示心理授权与绩效之间呈螺旋上升式关系：高心理授权感知水平的新员工初始的工作绩效水平较高，而高初始工作绩效又能够提升员工今后的心理授权感知水平。心理授权不仅能够影响工作绩效，而且对任务绩效能产生正向影响。Aryee 和 Chen（2006）等以中国企业员工为样本，通过实证研究证实，心理授权与任务绩效之间具有正相关关系。

第五章　组织认同扩展理论研究

本章首先简要说明组织认同的三个扩展概念及其模型，即组织反认同、中立认同、矛盾认同，并分析组织认同与组织反认同之间的区别及联系。然后重点阐述组织反认同的内涵及特征、结构与测量等问题。最后围绕着组织反认同产生的原因和可能导致的结果进行探讨。

第一节　组织认同的扩展模型

近 20 年来，认同理论一直是组织行为学领域的研究焦点，得到了研究者的广泛关注（Ashforth and Mael，1989），取得了丰富的研究成果，并不断获得新的突破（Van Dick et al.，2004；Kreiner and Ashforth，2004）。在某种程度上，组织认同是个体从组织身上获得自我知觉的过程或结果，当个体接纳或喜爱自己工作的组织时，会将自我定义与组织特征统一起来，从中可以获得良好的自我知觉。然而，从相反的角度来看，当个体对组织的某些方面不认可、不喜爱时，也会将自己与组织的消极方面隔绝开来，以便维持良好的自我知觉。这意味着，员工既可以对所属组织产生强烈的认同感知，也可以对组织产生截然相反的"反认同"感知。当组织在某些方面的行为、特征或价值取向等与员工的自我认知或社会角色定位之间发生冲突时，员工可能会在这些方面将自己的身份定义为组织的对立面。反认同感知与认同感知是两个独立构念，可以同时存在，员工可以对组织的某些方面表示强烈的不认同，与此同时，却对组织的其他方面持有高度的认同感（马力等，2011）。认同感和反认同感是两种独立知觉，通过对不同水平的认同感、反认同感的排列组合，Kreiner 和 Ashforth（2004）建构了组织认同的扩展模型，考察了四种广泛意义的认同构念——中立认同（neutral identification）、矛盾认同（ambivalent identification）、组织反认同（organizational disidentification）和组织认同（organizational identification）。

如图 5-1 所示，图中左上角位置表示的是中立认同，是一种对组织既没有强烈的认同感，也没有高度的反认同感的认知状态。中立认同反映的是员工与组织之间的一种弱联结状态，此时，员工对组织的感情比较冷漠，没有发生任何一种形式的强烈感情，这表明他们内心深处并没有接纳组织、认可组织，因而不会将组织价值观内化为个人价值观，也不会将组织目标和任务转化为个人目标，更不会为了增进组织利益而付出额外的努力（Kreiner and Ashforth，2004）。中立认同是员工故意避免与组织产生情感连接的结果，可能是为了避免被组织伤害而实施的心理防御机制，当他们对组织感到失望或曾经被组织伤害之后，便会采取这种方式保护自己，有时受到组织文化氛围或管理方式的影响，他们也有可能跟组织之间无法形成情感连接（Kreiner and Ashforth，2004）。此外，对组织产生中立认同也可能是员工的个性使然，他们有意识地与组织保持距离，以此彰显自己的独特性，甚至以孤独或独立为骄傲（Vadera et al.，2013）。

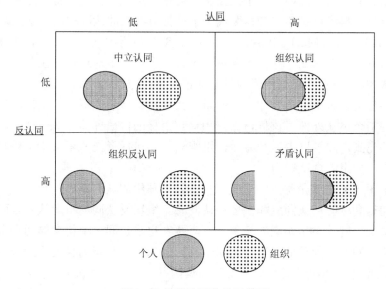

图 5-1　组织认同的扩展模型

　　图 5-1 右下角位置表示的是矛盾认同，也称为认同分裂或认同冲突。当员工认可组织的某些特征、价值观等，却又无法接受组织的其他特征时，或者员工愿意用组织的某些特征来定义自己，却又不愿接受其他定义时，就会对组织产生充满矛盾的认同（Kreiner and Ashforth，2004）。矛盾认同是员工对组织的一种复杂、矛盾而强烈的感知，他们一方面强烈地认可组织，另一方面强烈地否定组织，既接纳组织的某些特征，又激烈地排斥组织的其他特征。当员工的组织身份复杂而又模糊，员工的价值观、社会角色、自我评价等比较多元化或与组织不一致，或者员工的组织身份和个人价值观等都相对复杂时，可能对组织产生矛盾化的认同知觉。研究发现，当组织没有兑现自身承诺，导致员工的心理契约破裂时，可能引发员工对组织的矛盾认同（Kreiner and Ashforth，2004）。此外，员工在追求个人目标、利益的过程中，如果受到组织干扰，会对他们的自尊、自我形象等构成威胁，进而激发他们对组织的反认同、矛盾认同及中立认同等知觉

（Gibney et al.，2011）。

　　位于图 5-1 右上角位置的是组织认同，表示员工对组织拥有高度的认同感和低度的反认同感。组织认同描述的是个体关于个人概念与组织特征之间的关联程度的知觉，反映的是个体对组织价值观、愿景及行为等的认可程度（Kreiner and Ashforth，2004）。根据社会认定理论和自我分类理论，个体会从心理上归属于某些群体，以此获得积极的自我认知和自尊（Edwards，2005），对组织的认同感知可以满足个体的这种需求。一般而言，当员工对组织形成了强烈的认同感时，会将组织成员的共同信念内化为个人信念，会根据组织特征及身份来定义自己，组织身份与员工自我定义的重合程度代表了员工对组织的认同程度（Dutton et al.，1994；Ashforth and Mael，1989）。Tajfel（1981）将组织认同界定为，个体对其组织成员的身份加以认知，并作出评价的过程，个体从中对组织产生归属感、依附感等情感体验。Tajfel 还指出组织认同应该由三个方面的要素构成：①认知要素，指个体将自己归属于某个群体；②情感要素，指个体对该群体产生依附感；③评价要素，指个体从外部对该群体做出积极或消极的价值评估。Van Dick（2001）进一步补充到，除了以上三个方面，组织认同还包括意向要素，指个体与组织有关的行为，如组织规范行为。

　　位于图 5-1 左下角位置的是组织反认同，与组织认同正好相反，此时，员工对组织拥有高度的反认同感和低度的认同感。组织反认同与组织认同是两个独立的构念，反认同并不是认同的简单相反，两者也不是同一个概念的两个极端（即组织反认同并不等同于低水平的组织认同。例如，对组织的喜爱程度低并不等于厌恶这个组织）。组织认同与组织反认同是两种独立的心理状态，前者反映了一种积极的情感体验，后者则体现了一种消极的情感（Ashforth et al.，2013）。尽管两者在本质上都是为了获得积极的自我认同，有相同的心理机制（对自尊的追求）和社会基础（组织身份的多样性），实现手段却截然相反，组织认同是通过将自我与组织结合起来，组织反认同则是通过切断自我与组织之间的联系，换言之，认同体现了"求同"，而反认同则表现为"存异"（Kreiner and Ashforth，2004；马力等，2011）。

第二节　组织反认同及其理论

一、组织反认同的内涵及特征

　　根据社会分类理论，个体会努力确认自身的积极特征，并尽量回避自己的消极特征。为了实现这种心理诉求，人们会同具有相似的积极特征的群体建立联结（认同），并同其他群体保持距离甚至是对立（反认同）。具体到组织，当组织的某些特征与组织成员的自我认知发生冲突时，尽管他们对组织具有实质上的归属关系，却并不妨碍他们在心理层面上将自己与组织进行切割，对组织产生高度的反认同感，在这些方面将个人身份定义为组织的对立面。一般而言，当满足以下两个条件时：①自我身份与所感知的组织身份之间出现了认知分离；②个人和组织之间存在消极关系（如对手或敌人），个体会对所属的组织产生反认同感（Elsbach and Bhattacharya，2001）。

组织反认同有五个基本特征：第一，组织反认同反映的是组织成员关于个人特征与组织特征的不相似程度的个人感知，是个体主动与集体分离开来（"这不是我"），而不是简单地不匹配；第二，组织反认同是一种关系分类，界定了个体和组织之间的消极关系；第三，组织反认同有别于认知冷漠，后者是一种与组织之间既无连接也无分割的状态；第四，组织反认同是一种与组织身份相关的自我感知，而不是对组织的感知（如无价值、低地位、不合法等），也不是对组织的态度（如不忠诚、不承诺等），回答的是"我是如何感知与组织有关的自我的？"，而不是"我对组织感到满意或我在组织中快乐吗？"；第五，即便人们对某个组织产生了负面感知，也可能不会基于自己与该组织的分离感来定义自己的身份，即未必一定会对组织产生不认同感（Elsbach and Bhattacharya，2001）。

个体对组织的反认同感主要来源于两种内在动机：一是为了疏远与自身价值观不一致或声誉不佳的组织，增强或确认既有的社会认同感；二是为了让既有的社会认同不受到威胁，刻意远离那些具有负面刻板印象的组织，以免受到这些组织的牵连（Elsbach and Bhattacharya，2001）。研究表明，与组织的价值观不一致、对组织缺乏接触和了解、对组织的刻板印象及不良的组织声誉是导致外部人员对组织产生反认同的主要原因（Elsbach and Bhattacharya，2001）。组织声誉、组织认同需求等削弱内部员工的组织反认同感，而消极情感、心理契约违背、玩世不恭（cynicism）、角色内冲突，以及组织身份不一致性等因素则激发内部员工的组织反认同感（Kreiner and Ashforth，2004）。

二、组织反认同的结构与测量

组织反认同是一个相对较新的构念，21世纪初期，研究者开始构建组织反认同的测量量表。到目前为止，已经出现了三个版本的组织反认同的测量量表。按照时间顺序，Elsbach和Bhattacharya（2001）开发了组织反认同的第一份量表。在一项关于美国全国步枪协会（National Rifle Association，NRA）的实证研究中，根据对美国佐治亚州亚特兰大市405名市民的抽样调查结果，Elsbach和Bhattacharya（2001）开发出一份组织反认同的测量量表，用于测量非协会成员对NRA的反认同感知。该量表只有3个题项，分别是"NRA的失败是我的成功""当有人表扬 NRA 时，让我感觉受到了侮辱""当有人批评 NRA 时，让我感觉受到了称赞"，分析结果表明，量表的内部一致性信度 Cronbach's α 系数为 0.79。

以一所美国公立大学 1981～1990 年的 330 名毕业生为调研对象，Kreiner 和 Ashforth（2004）设计并验证了第二份组织反认同测量量表，以测量员工与组织在认知和情感上的分离程度。该量表有 6 个测量题项，包括"我尽量不让别人知道我为这个组织工作""作为组织一分子让我觉得很尴尬""这个组织的行为可耻""我希望他人知道我反认同组织的行为"等。Kreiner 和 Ashforth（2004）的研究结果显示，该量表的内部一致性信度 Cronbach's α 系数为 0.90。与第一份量表相比较，Kreiner 和 Ashforth 量表的题项数量更合理，内容更详细，而且测量对象是组织成员而不是外部人员。

Parks 等（2010）开发了第三份组织反认同测量量表。该量表由 5 个测量题项组成，包括"我更希望别人不知道我在这家公司工作""当我在公司以外办事时，如果别人不知道我在这家公司工作，那么我不会告诉他们的"等内容。国内学者马力等（2011）采用这份量表对中国员工展开了调查研究，研究结果证实，该量表具有良好的信度系数（$\alpha=0.80$）。

三、组织反认同的影响因素和效果

组织反认同是一种极端负面的员工态度，组织公平可以影响员工对组织的反认同感知。员工对组织公平的评价来源于不同方面：分配公平（distributive justice）、程序公平（procedural justice）和互动公平（interactional justice）等（Colquitt，2001）。已有研究表明，程序公平影响员工的组织反认同感（马力等，2011）。程序公平是指与个人密切相关的组织决策是否以合理的方法来制定，如规则统一、允许表达个人意见等（刘亚等，2003）。在一定程度上，程序公平反映了员工对于个人与组织的交换关系和互惠关系的评价，以及关于组织是否"对得起"自己的知觉。当员工认为组织处理事情公平时，他们会感到组织尊重自己，并从中获得自尊和自我价值，因此，不会对组织产生负面感知。当员工认为组织决策过程不公平时，他们会感受到自己被组织忽略甚至排挤，组织作为一个整体，将会得到被异化的员工的反感。

组织反认同会造成一些负面后果，已有研究从组织外部人员、组织员工等角度对组织反认同的影响结果进行了分析。当外部人员对组织产生了反认同感时，基于认知一致性需求，他们会拒绝接受该组织的商品和服务，公开表达自己的态度和立场，甚至不惜为此投入金钱和时间（Elsbach and Bhattacharya，2001）。当内部员工对组织反认同时，他们会在某些方面将个人身份与组织身份切割开来，向其他人隐瞒工作情况，认同一些能够使自己与组织区分开来的特征（Kreiner and

Ashforth，2004）。组织反认同容易引发员工的负面情绪，如憎恨、愤怒等，这可能驱使员工做出一些不理智的行为，从而损害组织利益（Pratt，2000）。实证研究已经证实，组织反认同感对员工的认知和行为具有负面影响。以一家印度外包企业的 251 名顾客服务代表为调查对象，研究结果显示，员工的职业反认同感能够正向预测职业倦怠（$r=0.25$，$p<0.001$①）和员工偏离行为（$r=0.28$，$p<0.001$），还能够对员工的组织公民行为造成负面影响（$r=-0.11$，$p<0.10$），然而，职业反认同感知与离职意图（intention to quit）、压力症候（stress symptoms）之间的相关关系并不显著（Ashforth et al.，2013）。Lai 等（2013）的研究得到了与 Ashforth 等（2013）的研究不一致的结论，他们发现职业反认同（$r=0.54$，$p<0.01$）和组织反认同（$r=0.43$，$p<0.05$）都与离职意图存在正相关关系。这些不一致的研究结论表明，职业反认同与离职意图之间的关系可能受到某些情境因素的调节作用，有待后续研究对此做出进一步的探索。

尽管大多数研究认为组织反认同导致许多的消极影响，然而在某些情况下，员工对组织的反认同感也可以发挥正面作用。例如，对于过分保守、内部一致性过高的组织或团队而言，适度的反认同感可以激发出积极结果，如组织成员告密行为（whistle-blowing）、创新行为等，这将推动组织取得更好的长期发展（Ashforth et al.，2013）。

---

① r 是指职业反认同感与职业倦怠之间的相关系数；p 指该相关系数的显著性程度。后面章节的 r、p 含义一样，表明职业反认同感与相应变量之间的相关系数及其显著性。

第六章　社会困境理论下的长期结果考量和共情研究

本章首先阐述社会困境理论，包括社会困境的内涵、类型，以及影响社会困境下的合作行为的前因变量等，然后介绍与社会困境相关的两个概念：长期结果考量和共情，主要阐述长期结果考量与共情的含义、结构与测量，以及可能造成的影响结果。

第一节　社会困境理论

一、社会困境的内涵

社会困境（social dilemma），也称为社会两难，是指一种短期个人利益与长期集体利益发生冲突的情境。当一个群体的集体利益与个体的个人利益不一致时，人们会面临两难的选择。此时，一方面，如果所有个体都按照符合个人利益的原则（背叛策略）行动，那么将给集体利益和个人利益造成更大的损失，即个人的理性行为导致集体的非理性结果；另一方面，如果所有个体都愿意牺牲个人的短期利益（合作策略），那么可能给集体和个体创造更多的共同利益。

社会困境满足以下三项基本条件：①不论其他人做出何种选择，个体选择不合作总是比选择合作更有利，至少在短期内能得到更大利益；②与选择合作相比，不合作的选择总是给他人造成更大的损失；③选择不合作给他人造成的损失总体上大于个人收益（Dawes，1980）。在社会困境下，人们需要解决至少两个方面的冲突：第一，社会性冲突，即个人利益和集体利益之间的冲突；第二，时间性冲突，即短期利益和长期利益之间的冲突。如果人们在前者中选择了集体利益，并在后者中选择了长期利益，那么这意味着他们选择了合作策略，这将给他们带来更为丰厚的长期利益；反之，如果人们选择了个人利益和短期利益，那么尽管他们能够获得较为可观的当前利益，然而从长远的角度来看，他们的损失反而更大。尽管从长期结果来分析，选择合作策略要比背叛策略更加合理，然而由于人性的弱点以及未来情况的不确定性，在遭遇社会困境时，每个人所做出的选择是不同的。

二、社会困境的类型

社会困境分为两种类型：社会延迟陷阱（social delayed traps）和社会延迟栅栏（social delayed fences）。尽管能够为自己带来短暂的利益，但是给他人甚至自己造成长期消极影响的行为，称为社会延迟陷阱，如涸泽而渔、焚林而猎等破坏性群体行为。社会延迟栅栏反映了另外一种社会困境，这种行为将给自己造成短期损失（跨越"栅栏"），但是可以为集体创造长期利益（抵达绿色牧场），即通过牺牲个人的当前利益换取集体的长远利益。虽然表现形式不同，然而究其本质，社会延迟陷阱和社会延迟栅栏都表达了一个共同的主题：尽管选择背叛策略（不合作）能够使个体得到较多的好处，然而，当全体成员都选择合作策略时，会出现更好的结果，这正是社会困境的内在特征。

最为常见的两种社会困境形式是公共物品困境和公共资源困境。公共物品困境也称为"给-游戏"，公共物品是能够使所有消费者均受益，但是很难向他们收取费用的物品。例如，大海上的灯塔，经过的船只可以借助灯塔的光线照明和指引航行方向，但是很难向船只征收使用费。所以，公共物品是市场供给不足或根本无人供给的物品。解决这种困境的方法是，让人们对公共物品进行捐献，当捐献物达到一定数量后，所有个体都可以免费享用。公共物品具有非竞争性和非排他性，使用公共物品的个体之间并不存在竞争关系，当某人使用公共物品时，并不会妨碍到他人的使用，而且无法阻止或排除任何人消费公共物品。例如，国防系统是保护一个国家的全体公民的，任何一个合法公民都不能被排除在外。公共资源的性质与公共物品截然不同，公共资源的关键特征是利益的减损性。公共资源虽然并不属于任何单独的个体，但是一旦某人占用了公共资源，其他个体就无法再度享用这些公共资源；而且公共资源的数量总是有限的，不能被过度消费，否则会被耗尽。例如，海洋和湖泊是公共资源，水中生活着大量的鱼虾，渔民以捕鱼为生，然而鱼虾的数量不是无限多的，而且为了维持生态平衡，也必须有节制地进行捕捞活动，所以渔民之间会发生利益上的矛盾冲突。

还有一种比较常见的分类方式是,把社会困境划分为对称性和非对称性两种。在对称性社会困境中，所有个体捐赠的物品数量或拥有的资源数量是均等的。在非对称性社会困境中，个体捐赠的或拥有的物品数量并不均等，一般而言，非对称性社会困境在现实中更为常见。当个体之间的条件相对一致时，人们会倾向于按照平均原则来捐献物品或分配资源；而当个体之间的条件存在较大差别时，人们会更倾向于使用比例原则来决定物品的捐赠和分配方式，即将公共物品的捐献数量或公共资源的拥有量与个人财富挂钩，如按收入比率征税。

还可以按照参与人数、发生次数等标准对社会困境进行分类。例如，根据参与者人数的多寡，可以将社会困境划分为两人困境和多人困境。公共资源困境和公共物品困境大多数都属于多人困境，而囚徒困境则是经典的两人困境。再如，在某种特殊情境下分配公共资源或捐献公共物品，这种情况以后很难再度出现，那么这种情形称为非重复性社会困境，而可以反复出现的困境则称为重复性社会困境。在现实生活中，大部分的社会困境都会多次发生，人们会无数次地决定是否需要捐赠，以及无数次地选择如何分配公共资源，因而重复性社会困境是社会困境的主导模式。

第二节　社会困境下合作行为的影响因素

在社会困境下，从群体理性角度出发，所有个体都应该选择合作，然而，现实情况并非如此。已有研究发现，在面临社会困境时，人们是否选择合作取决于任务特征、个体特征和群体特征三个方面的因素（胡华敏，2008）。就个体特征而言，影响合作行为的因素主要是个体的社会价值取向（social value orientation）和社会认同（social identity），下面将对相关情况进行详细的阐述。

一、社会价值取向

社会价值取向反映的是个体在自己和他人之间分配价值物品方面的特定偏好，是一种相对稳定的人格特质（Beggan et al.，1988）。根据个体对自身利益和他人利益的关注程度的不同，社会价值取向可以分为三种类型：第一种是合作型，对自身利益和他人利益具有相同程度的关注度，因而追求共同利益的最大化；第二种是竞争型，重视自身利益与他人利益的相对关系，追求个人利益相对于他人利益的最大化，即最大化个人结果与他人结果之间的差距；第三种是个体型，追求个人绝对利益的最大化，即最大化个人结果而毫不考虑同伴或他人。随着相关研究的不断深入，个体关于利益平等化的偏好被纳入社会价值取向的考察范围，社会价值取向被认为是个体关于自身利益、他人利益，以及两种利益之间关系（是否平等）的偏好（Van Lange，1999）。按照这种认知方式，Van Lange 等（2007）提出了六种社会交往取向，包括三种亲社会取向，即合作取向、平等取向和利他取向；两种亲自我取向，即竞争取向和个体取向；一种反社会取向，即攻击取向。合作取向、竞争取向和个体取向分别对应合作型社会价值取向、竞争型社会价值取向和个体型社会价值取向，平等取向反映了最小化个人利益和他人利益之间差距的社会价值取向，利他取向反映了最大化他人结果的社会价值取向，攻击取向则反映了以减少他人利益为目标的社会价值取向。

已有研究表明，社会价值取向影响人们对于社会困境的认知以及行为决策，不同社会价值取向的个体会选择不同的参照标准做出判断和选择。例如，合作取向者和竞争取向者都会无意识地按照自己的价值取向去假设他人的价值取向。因此，合作取向者认为他人会选择合作，而竞争者则认为他人会选择竞争（Kelley and Stahelski，1970）。另外，合作取向者认为社会困境关乎伦理道德，合作行为是高尚的，而竞争则是不道德的（Sattler and Kerr，1991）；竞争取向者则从权力和利益的角度做出判断，认为竞争是强大的表现，而合作是软弱的表现。关于合作和竞争的智性判断问题，具有不同社会价值取向的个体也有各自的立场，亲社会者认为合作是明智的，理智的个体会选择合作；而亲自我者则认为合作是愚蠢的，理性的选择是不合作（Utz et al.，2004）。

不同的认知引发行为的差异，多项研究均表明，亲社会取向者比亲自我取向者表现出更多的合作行为。关于公共物品和公共资源困境的多项实验研究揭示，亲社会取向者要比亲自我取向者作出更大的贡献，提出更少的要求，对集体利益的考虑更多，同时对个人的约束也相对更加严格（Parks，1994；Van Lange et al.，1998；De Kwaadsteniet et al.，2006）。对于现实生活的统计研究得出了相似的结论，与亲自我取向者相比较，亲社会取向者会从事更多的保护环境及资源的活动（Van Vugt et al.，1996；Van Lange et al.，1998）。

二、社会认同

在现实生活中，人们总是被划分为不同的社会群体，从而拥有各种不同的身份。这使得社会环境得以简化，并协调有序，而个体的社会身份（位置）也得以界定（Ashforth and Mael，1989）。当个体按照所属群体的特征来定义个人身份，对群体产生了依附感和归属感，并体验到作为群体成员的价值和意义时，表明他们对群体产生了认同感知。

社会认同能够满足个体的自尊需求，根据社会认同理论（Tajfel，1982）和自我分类理论（Turner，1985），个体对所属群体产生的认同感提高他们的自尊水平，而通过比较群体内部成员和外部人员的差异性，个体也能够获得积极的自尊。当个体的认同感遭到威胁时，自尊水平降低，因此他们会采取各种策略来提高自尊，如果无法得到满意的结果，那么他们就会离开群体或想办法将自己与群体区分开来（张莹瑞和佐斌，2006）。

个体对群体的认同是产生合作行为的前提条件，已有研究揭示，社会认同可以通过多种不同途径影响群体成员的合作行为。

第一，对群体的社会认同能够淡化成员的个人利益与群体利益之间的界限，使得他们将群体利益置于个人利益之上。研究表明，群体成员采取行动时遵循元参考原则（meta-contrast principle），即按照最大化组间差异和最小化组内差异的原则，划分组内组外边界，并据此采取相应的行动（Turner，1985），而社会认同能够强化群体成员的最大化组间差异（群体利益）和最小化组内差异（个体利益）的认知模式。在处于社会困境中时，采取合作行为能够最大化群体利益，因此，成员对群体的认同程度越高，他们就越愿意选择合作。还有研究表明，对群体成员身份的认同能够拉近个体之间的距离，形成弱社会联结，从而强化支持性诱因对"搭便车"问题的正面影响（Gächter and Fehr，1999）。此外，在面对公共物品困境时，个体对群体的认同感越强，他们对群体所作的贡献就越大；而在面对公共资源困境时，他们掠夺资源的行为就越少（De Cremer and Van Vugt，1999）。

第二，对群体的社会认同能够提高个体对其他成员合作行为的预期，从而增加他们自己的合作行为。Yamagishi和Kiyonari（2000）指出，社会认同能够促进合作行为，对群体的认同会提高群体成员之间的互惠行为的预期，他们会更加相信如果自己选择合作，那么其他成员将回馈相同的行为。当群体成员认为彼此之间紧密联结，存在互惠协作关系时，这种信念能够有效地抵御背叛的诱惑，激发他们的合作行为（Karp et al.，1993）。实验研究也证实，在同时决策的社会困境下，对于群体的社会认同能够促发人们的合作决策，而在序列决策的社会困境下，人们更加关注的是即时回报，而不是对互惠行为的预期，因此社会认同不会对合作行为产生影响（Yamagishi and Kiyonari，2000）。

第三，Simpson（2006）从情感角度对社会认同的影响进行了解释。在社会困境中，人们经历两种不同的知觉：恐惧和贪婪。一方面，人们害怕被不合作者伤害和剥削，"如果其他人选择背叛，我该怎么办？"，这使人们产生恐惧感；另一方面，人们试图在别人选择合作时占便宜，"如果其他人选择合作，我该怎么办？"，这又使人们心生贪欲。从贪婪的角度而言，当个体对群体产生了社会认同时，按照最大化群体利益（组间差异）和最小化个人利益（组内差异）的原则采取行动，既然合作能够同时实现两种目标，那么合作行为是可取的；从恐惧的角度来看，尽管合作可能带来最大化的群体利益，但是如果其他成员选择背叛，就会让自己的个人利益受损，因而合作未必是一种最佳选择。实验研究表明，社会认同通过影响人们对贪婪的反应而促进合作行为（Simpson，2006）。

在社会困境下，个体将面对两种类型的冲突：第一种是社会性冲突，即个体利益和群体利益之间的矛盾；第二种是时间性冲突，即短期利益和长期利益之间的矛盾（Joireman et al.，2006a）。如何处理社会性冲突与个体的社会价值取向相关，如果个体认为群体利益重于个人利益，那么他们将倾向于选择合作。另外，如何处理时间性冲突则与个体的时间价值取向相关，如果个体更加看重长远结果及利益，而不是短期利益，那么他们也会倾向于采取合作。本书选取两个个体特征变量：长期结果考量（concern with future consequences）和共情（empathy）作为衡量社会价值取向及时间价值取向的指标。第三节和第四节将分别对长期结果考量和共情的已有研究进行梳理与回顾。

第三节 社会困境下的员工长期结果考量

一、长期结果考量的含义

长期结果考量指人们对当前行为的潜在长期结果的关心程度,以及他们受到这些潜在结果影响的程度(Strathman et al.,1994)。高长期结果考量倾向的个体一般认为,行为的长期结果十分重要,当前结果相对没那么重要。低长期结果考量倾向的个体则持有相反的态度,他们认为当前结果十分重要,未来发生的事情反而没那么重要。

二、长期结果考量的结构与测量

在早期研究中,研究者认为长期结果考量倾向是一个单维度构念。基于此假设,Strathman 等(1994)开发了一份长期结果考量的测量量表。该量表由 12 个测量题项构成,包括 5 个正向编码题项(如"我会考虑将来的事情,并试着通过我的行为影响将来""我愿意为实现未来目标而牺牲近期的幸福"等),以及 7 个反向编码题项(如"我的行为仅受近期结果(如近几天或几周)的影响""方便舒适是我做决定或做事时会重点考虑的因素"等)。实证研究结果显示,Strathman 量表能够较好地测量出个体的长期结果考量倾向。例如,在一个关于时间取向与不道德决策关系的研究中,测量结果显示,Strathman 量表的 Cronbach's α 系数为 0.84。再如,Joireman 等(2006b)运用 Strathman 量表进行了两次测量,在两份样本数据中,Strathman 量表的信度 α 系数分别为 0.95 和 0.92。

近年来,针对长期结果考量是一个单维度构念的观点,一些研究者表达了不同的意见。Joireman 等(2008)认为,个体可以在拥有某种主导性的时间取向的同时,兼顾现在和未来两个方面的利益,因此,关心长期结果和关心短期结果是彼此独立的,应该分别予以测量。据此,Joireman 等将 Strathman 量表的测量题项划分为两个维度:一个维度考量的是当下结果(consideration of immediate consequences,CFC-I);另一个维度则考察了未来结果(consideration of future consequences,CFC-F)。Strathman 量表中的 7 个反向编码题项被划归为 CFC-I 维度,5 个正向编码题项则被划分到 CFC-F 维度。多项研究证实,长期结果考量构念的双因素结构是有效的。研究结果还证实,双因素模型具有更好的预测效力和解释效力(Joireman et al.,2008;Joireman et al.,2012)。

为了进一步提高 CFC-F 维度的测量题项的可靠性,Joireman 等继续增加了两个 CFC-F 测量题项,形成了由 14 个题项构成的量表。新增题项分别为"当我做决定时，我会考虑该决定对我未来的影响"和"总体来说，我的行为受到未来结果的影响"。抽样调查的结果显示，新量表 CFC-F 维度的 Cronbach's α 系数为 0.80，CFC-I 维度的 Cronbach's α 系数高达 0.84，此外，双因素模型能够更准确地解释时间取向对相关结果变量的影响（Joireman et al.，2012）。

三、长期结果考量的影响结果

长期结果考量反映的是个体在制定决策时采用的时间框架，相关研究的结果显示，长期结果考量倾向低的个体更加关注当下的需要和利益，而不是远期结果；长期结果考量倾向高的个体则会利用远期目标指导当前的行为。例如，在一项实验研究中，研究人员先给被试提供有关近海开采的四种可能的结果，然后让他们选择是否同意在加利福尼亚海岸开采石油。在四种结果中，有两种结果表明了石油开采的好处，其他两个结果则强调了石油开采的坏处。保持近海开采的利弊不变，研究人员对四种结果的时间框架进行了操纵。结果表明，在利益是当前可得的而坏处是长期性的条件下，低长期结果考量倾向者更愿意支持开采方案；而在利益是长期的而坏处是当下的条件下，高长期结果考量倾向者更支持开采方案（Strathman et al.，1994）。

以往的研究发现，长期结果考量倾向能够带来许多的积极后果，影响人们的工作及生活。长期结果考量倾向高的个体更加关注理想自我（未来自我），在这个长期目标的指引下，他们一般有更加强烈的动机去勤做运动、维持健康以及预防潜在危险等，对长期结果关注程度低的个体更容易受到当下目标的召唤，相对缺乏长期行为的动机（Ouellette et al.，2005）。关于人类健康行为的研究表明，高长期结果考量倾向者更愿意从事对身体健康有益的活动，如运动、控制饮食、皮肤防晒工作、使用避孕措施、检查和预防各种疾病发生、戒烟酒以及减少暴露于噪声环境中等（Joireman et al.，2012）。一项以组织员工为实验对象的研究揭示，关注长期的个体表现出较多的组织公民行为及较少的非顺从行为（noncompliance behavior）（Joireman et al.，2006a）。

然而，一些研究发现，如果个体过于关注未来结果也可能导致一些负面结果。关于个体的时间框架与组织公民行为的关系研究发现，当员工有计划离开组织时，长期结果考量倾向会对组织公民行为造成负向影响，长期结果考量倾向越高的个体表现出越少的组织公民行为（Joireman et al.，2006a）。Joireman 等（2006b）的另一项实验研究得到了相同的结论。Joireman 等（2004）还发现，长期结果考量倾向能够影响个体实现目标的企图心，假设未来还要继续同目标对象打交道，与低长期结果考量倾向者相比较，高长期结果考量倾向者实现目标的企图心相对较弱；相反，假设双方未来不再接触，与低长期结果考量倾向者相比较，高长期结果考量倾向者则会产生更强烈的企图心。

第四节　社会困境下的员工共情

一、共情的含义

在早期研究中，研究者主要基于哲学思考和现象学的角度来描述共情的含义（刘聪慧等，2009）。然而，关于共情的定义，研究者至今还没有达成一致，主要存在三种代表性观点。其一，共情是一种认知和情感状态。一些研究者认为，共情是站在他人立场上理解对方想法的一种情感状态，或是在认知他人内在状态的基础上，对他人情绪产生的一种情绪体验状态（Hoffman，2002）。其二，共情是一种情绪情感反应。例如，Eisenberg 和 Strayer（1987）指出，共情是个体通过理解和感受他人情感状态，而产生的与他人当时体验到的或将会体验到的感受相似的情绪反应。相比较而言，此定义将共情界定为个体的反应，而前一种定义则强调共情的状态特质。其三，共情是个体的人格特质或能力。共情可以视为推测他人想法、体会他人感受的一种个人能力，也可以认为共情是一种能力特征，包括认知和情感两种能力，认知能力是识别、命名他人情感状态的能力，以及采择他人观点的能力，共情是以上两种能力的综合体现（Feshbach N D and Feshbach S，1982）。

随着相关研究的深入发展，研究者从结构及功能的角度对共情的定义进行了阐述。西方研究者 Davis（1983）认为，共情包括个人和情境的因素、共情的过程、共情的情感性结果及非情感性结果等成分。国内研究者崔芳、南云和罗跃嘉按照共情的功能，将其划分为情绪共情和认知共情两个部分，并认为两者的有机结合能够充分发挥共情的作用。

近年来，认知神经科学的迅猛发展，尤其是脑成像技术的兴起，给共情研究提供了一个崭新的研究视角，涌现出一些新的研究成果。例如，从结构或成分的角度，Decety 和 Jackson（2006）提出，共情是在将自己与他人区分开来的基础上，体验并理解他人的情绪、感受或态度的一种能力，包括情绪共享、观点采择和情绪调节等成分。从发生共情的整个过程的角度，Singer（2006）认为共情的产生必须满足四个基本条件：①共情者处于某种情绪状态之中；②这种情绪与他人的情绪是一致的；③这种情绪是通过观察或模仿他人的情绪而产生的；④共情者清楚地知道自己的情绪来源于他人而不是自己。

二、共情的结构与测量

Davis 量表（interpersonal relation inventory，IRI）是迄今为止使用范围最广的

共情量表之一。Davis 量表的测量题项可以分为四个维度：个人苦恼、共情想象、共情关怀和观点采择，前三个维度考查的是共情者的情感状态，第四个维度测量的是共情者的认知状态（Davis，1983）。研究表明，Davis 量表具有良好的信度和效度，能够较好地应用于中国样本（彭秀芳，2006；张凤凤等，2010）。根据共情脑机制的研究成果，Decety 和 Jackson（2006）发现，共情由情绪共享、观点采择和情绪调节三种成分组成，这与 Davis（1983）的观点颇为相似。例如，他们一致认为观点采择是共情的一个重要部分。

三、共情的影响结果

共情影响个体的认知和情感状态。研究表明，与低共情倾向者相比较，高共情倾向者对生活更加满意，能感受到更多的积极情绪和更少的负面情绪，比较不容易罹患抑郁症等精神疾病（Grühn et al.，2008）。国内研究者谭恩达等（2011）以高校大学生为样本，研究发现，高共情倾向者一般具有较高的主观幸福感。然而，以往的研究表明，共情也可以给个体的情绪带来一些消极影响。共情构念的四个维度可以给个体带来不同的影响，共情关怀和个人苦恼导致个体的情绪不稳定，还会滋生恐惧感（Davis，1983）。还有国内研究揭示，共情关怀与主观幸福感显著正相关，个人苦恼与主观幸福感则显著负相关（谭恩达等，2011）。

高共情倾向者一般具有较强的助人倾向，更可能表现出利他行为、亲社会行为等积极行为（闫志英等，2012）。值得注意的是，尽管行为本身是正面积极的，然而隐藏在行为背后的深层次动机未必如此。根据贝特森的共情-利他主义假说，利他性动机或利己性动机都可以激发个体的助人行为。如果他人的不幸会导致自己内心的悲伤，那么给他人提供帮助可以减轻自己的痛苦，这时助人行为的结果是利他的，而出发点却是为了解除自己的精神痛苦（寇彧和徐华女，2005）。

关于组织员工的研究表明，共情倾向能够预测员工的工作效能。针对企业营销人员的研究揭示，共情能够正向预测客户关系质量，高共情倾向是一个销售人员取得成功的必备素质之一。一项国内学者的研究结果显示，当销售人员的共情倾向较高时，销售业绩较好，销售效能较高，顾客满意度、顾客忠诚度等也相对较高（王天辉等，2011）。共情倾向高低不仅能够决定个体的工作成效，而且能够有效地增进组织利益。一项有关企业之间关系质量的影响机制的研究揭示，员工的共情倾向对企业之间建立心理契约关系具有显著的正向影响（高维和等，2012）。

第七章　伦理型领导对员工正向偏离行为的影响研究

本章探讨的是伦理型领导对员工正向偏离行为的影响及作用机制，从员工心理授权视角出发，考察心理授权的四个维度：工作意义、自我决定、自我效能和工作影响，对于伦理型领导与员工正向偏离行为之间关系的心理中介作用。另外，本章还从社会困境的角度出发，探讨个体特征变量，即长期结果考量和共情对伦理型领导影响员工行为的过程的调节效应。在提出理论模型及研究假设之后，采取问卷调查的方式收集样本数据，并利用 SPSS22.0、AMOS21.0 等统计软件分析数据，以验证理论模型和假设是否成立。

第一节　社会困境视角下的员工正向偏离行为

在社会困境下，个体面临着两难的选择：实施合作策略虽然能给集体带来长期利益，但是损失个人的短期利益；采取背叛策略可以为自己争取短期利益，但是会给集体造成长期损失。无论做出何种选择，结果都有利有弊，既有风险也有收益。Joireman 等（2006a）提出并证实，组织公民行为是一种社会困境。组织公民行为类似于社会延迟栅栏，当员工实施组织公民行为时，可能给自己造成短期损失，但是可以为集体创造长期利益，即通过牺牲个人的当前利益来换取集体的长远利益。Balliet 和 Ferris（2013）关于亲社会性行为的实证研究得出了相似的结论，亲社会性行为也是一种社会困境。根据前面对正向偏离行为的内涵、特征、影响因素、影响效果等的描述，可以推断正向偏离行为同样是一种类似于社会延迟栅栏的社会困境：给员工造成短期损失，却让组织长期受益。关于正向偏离行为的社会困境特征可以从以下方面加以论证。

首先，正向偏离行为给员工和组织带来相互矛盾的结果。一方面，员工的正向偏离行为能够给同事带来帮助、提高顾客服务绩效、维护组织声誉、优化工作流程、提高生产效率，从而对组织整体产生积极影响，增进组织及组织成员的福祉（Morrison，2006；Mainemelis，2010；Dahling et al.，2012）；另一方面，正向偏离行为不会给员工个人创造价值和利益，反而会给他们带来一些负面影响，如被视为麻烦制造者，遭到排斥、惩罚或制裁，以及较低的绩效评价等（Miceli et al.，2009；Dahling et al.，2012）。

其次，正向偏离行为与合作行为有相似的预测变量。例如，已有研究表明，团队认同既能够预测正向偏离行为，也能够影响个体的合作行为。Hirst 等（2009）的研究结果揭示，团队认同能够正向影响员工的正向偏离行为，同时多项实证研究也证实，团队认同能够有效激发个体的合作行为（Brewer and Kramer，1986；De Cremer and Van Vugt，1999；Van Vugt and De Cremer，1999）。再如，对行为结果的预期既能够影响正向偏离行为，也能够预测合作行为。Withey 和 Cooper（1989）指出，当个体对结果抱有积极信念时，会更愿意实施正向偏离行为。相似地，如果个体相信自己的决策能够得到认同（De Cremer et al.，2001）或认为自己能够对结果产生影响（Kerr and Bruun，1983），那么他们在社会困境下会倾向于采取合作策略。另外，公平知觉对正向偏离行为和合作行为都能够发生影响。多项实证研究还证实，公平知觉与正向偏离行为之间存在正相关关系（Victor et al.，1993；McAllister et al.，2007；Moon et al.，2008）。同时，公平知觉也能够预测个体的合作行为，例如，Karp 等（1993）的研究表明，在一个实施或企图实施公平分配的群体中，基于互惠的原则，群体成员会更多地选择合作策略。

最后，正向偏离行为与合作行为有相似的解释机制。大多数研究者都认为交换和互惠是个体在社会困境下选择合作策略的主要动机。还有研究者提出"搭便车"（占别人便宜）是社会困境的典型特征，与交换有关的社会系统都提供了"搭便车"的机会，因此这些系统都可以称为社会困境（Yamagishi and Cook，1993）。通过回顾正向偏离行为的相关文献发现，许多研究都利用社会交换理论解释了员工正向偏离行为的发生机制，如组织依附感、组织支持、组织文化、组织公平、领导行为等变量对员工正向偏离行为的影响都可以通过社会交换理论得到解释。因此，社会交换理论是正向偏离行为和合作行为共同的解释机制。

综上，正向偏离行为是一种社会困境。在实施正向偏离行为时，员工的个人短期利益和集体长期利益之间无法得到统一。此时，是否做出正向偏离行为取决于员工个人的社会价值取向和时间价值取向。

第二节　伦理型领导对员工正向偏离行为的促进性影响

员工正向偏离行为是指虽然偏离组织规范，却有利于实现相关利益群体的福祉的积极行为（李红和刘洪；2014），因而被研究者视为一种有别于传统的员工偏离行为的亲组织行为（Spreitzer and Sonenshein，2004；Vadera et al.，

2013）。当员工行使正向偏离行为时，个人短期利益和集体长期利益之间发生冲突，一方面，这种行为能够对组织产生积极影响；另一方面，却给员工个人带来一些负面影响。鉴于员工正向偏离行为往往伴随着个人风险，领导者对正向偏离行为的可接纳性能够缓解员工的退缩认知，提升员工参与的可能性。

伦理型领导指管理者在个人行为及与员工交往过程中表现出符合道德规范的行为，并通过沟通、强化以及制定规范等方式，在企业内部促进符合道德规范的行为（Brown et al.，2005）。伦理型领导不仅是一个"道德人"，符合基本的道德要求，能够担当道德模范的角色，还是一个"道德管理者"，通过树立道德规范、实施奖惩措施、双向交流与沟通，引导和塑造员工的道德行为（Treviño et al.，2003；张笑峰和席酉民，2014）。多项研究均表明，伦理型领导能够增进员工与组织之间的关系（De Hoogh and Den Hartog，2008），提高员工的满意度水平和额外努力意愿（Toor and Ofori，2009；Brown et al.，2005），激发员工的主动性行为（Brown et al.，2005；Avey et al.，2011；Walumbwa and Schaubroeck，2009），并抑制员工的偏差行为（Avey et al.，2011）。

正向偏离行为是角色外行为且具有风险性，因而领导的支持和接纳是员工正向偏离的关键性影响因素。伦理型领导强调商业道德和伦理价值，要求员工做正确的事，正向偏离行为尽管违背组织的既定规则，却符合道德标准和超规范，且具有利他性的特征（李红和刘洪，2014），能够满足正向偏离行为的特征要求。伦理型领导是正直、公平、可信赖的人，这些品质给予员工安全感和信任感，他们相信领导会做正确的事、制订公平的决策，这会激发员工正向偏离的动机。伦理型领导关心员工的利益，以尊重和信任的态度对待不同层级与部门的员工，他们之间的关系密切而稳固（Brown et al.，2005；Treviño et al.，2003），作为回报，当组织规则妨碍了组织福祉时，为了保护组织利益，员工愿意冒险打破不合适的规则，坚持做正确的选择。综上，提出以下假设。

H1：伦理型领导对员工正向偏离行为具有正向影响。

第三节　伦理型领导对员工正向偏离行为的影响机制

心理授权是个体关于工作授权的主观心理评价，能够激发个体的工作动机，并影响个体的工作行为（Conger and Kanungo，1988；Thomas and Velthouse，1990；Spreitzer，1995）。按照 Thomas 和 Velthouse（1990）提出的心理授权的四维度模型，心理授权通过工作意义、自我决定、自我效能和工作影响四个认知维度体现出来。工作意义是关于工作价值的个体判断；自我决定反映了个体在工作方面的自主权；自我效能是与工作技能、能力和知识等有关的个体信念；而工作影响则体现了个体对于工作结果的影响程度。本书从心理授权的四个维度，分别阐述伦理型领导影响员工正向偏离行为的四种互补的心理中介机制，具体情况如下所述。

一、工作意义的中介作用

工作意义是个体根据自己的期望及标准，对工作角色及目标等做出的价值判断，是关于工作意味着什么，在人生中扮演什么样角色的相关解释。例如，工作是一种谋生工具，抑或是一种召唤（calling）。意义可以表达积极的、消极的或中性的各种含义，然而工作意义指对工作具有激励作用的积极信念（Spreitzer，1995；Rosso et al.，2010）。当员工的工作角色与自我信念及价值观之间高度一致时，可以预见，他们不会满足于循规蹈矩地完成日常工作，而是会创造性地打破一些不合时宜的刻板规条，从而为组织及组织成员谋取最大化福祉，因此，基于这种认知，正向偏离行为是员工坚守自己的工作价值观的必然结果。

从人际意义建构的角度而言，个体在形成关于工作意义及重要性的价值判断时，在很大程度上取决于他们与组织其他成员之间的互动模式（Wrzesniewski et al.，2003）。鉴于领导的权力和地位，他们无疑是影响个体的工作价值判断的重要组织成员，领导关于组织任务、目标和身份的设计，以及对于工作情境和事件的解释、沟通与回应，都会对员工建构自己的工作意义产生关键性影响（Podolny，2005）。伦理型领导在组织内部树立道德标准及目标，引导和塑造符合道德规范的行为，并对组织和个人的决策结果从道德方面给予充分考量，这些都向员工传递了关于工作重要性的信号，从而影响员工对于工作意义的感知。此外，伦理型领导向员工解释他们的工作和努力对实现组织道德目标的贡献，以及对实现企业社会责任目标的贡献，使员工更加清晰地了解到工作的目标、价值及意义，这些行为都会影响员工的工作意义建构（Podolny，2005；De Hoogh and Den Hartog，2008；Piccolo et al.，2010）。以往研究证实，员工的工作意义感知受到领导方式的影响，如变革型领导能激发下属的工作意义感（Bono and Judge，2003；Piccolo and Colquitt，2006）。基于上述分析，工作意义可以作为理解伦理型领导与员工正向偏离行为之间关系的一个中介变量。综上，提出以下假设。

H2a：工作意义对员工正向偏离行为具有正向影响。

H2b：工作意义在伦理型领导与员工正向偏离行为的关系中起到中介作用。

二、自我决定的中介作用

自我决定关注的是个体在工作方法和程序等方面进行自主决策的程度高低，是一种与自由、选择等有关的个体知觉（Spreitzer，1995）。根据自我决定理论（self-determination theory，SDT），个体动机分为自发性动机（如我热爱自己的工作或工作能实现我的人生目标）和控制性动机（如老板监督时我才会工作）两种类型，自主给予人们主动选择的机会，引发带有意志力的行为；控制则意味着背负压力采取行动，以及被迫从事某种行为（Deci et al.，1989）。许多研究均表明，自发性动机要优于控制性动机，能够提高个体的创造力和认知柔性，并促进问题得到解决（Gagné and Deci，2005）。自发性动机包括内部动机和整合性外部动机两种形式。如果人们对行为本身产生兴趣，或者在从事活动的过程中内在得到满足，那么这种行为由内部动机驱动。然而，对于无趣但又必需的工作任务，无法采取管理策略激发员工的内部动机，但是可以通过一些方式将外部动机转化为整合性外部动机，从而促使员工自发地完成工作。整合性外部动机是外部动机的最高级形式，也是对外部动机最彻底地加以内在化的动机。从特征属性的角度来看，正向偏离行为是角色外行为，具有利他性、故意性、自我决定等特征，且符合伦理道德准则和社会超规范（李红和刘洪，2014），因而正向偏离行为只会受到自发性动机的驱动。当正向偏离行为能够让员工产生兴趣，获得心理满足感，或者这种行为与员工的价值观、目标、认同等产生连接时，如这种行为关系到我是谁，关乎我的人生和事业，员工才会从事正向偏离行为。

已有研究证实，支持自主的工作环境和管理方式能够满足胜任感、连接、自主等个体心理需求，因而能够激发员工的自我决定动机，让员工面对困难时更加坚持，并产生更加积极的工作态度、更高的工作满意度和工作绩效，以及更高的组织承诺和更强烈的心理幸福感等积极结果（Williams et al.，1998）。Gagné和Deci（2005）指出，给予工作任务一个有意义的理由、认同员工的看法和感受，以及给予员工尊重和关怀是构成支持自主性环境的三种社会情境要素，伦理型领导能够给员工提供上述支持性要素。伦理型领导为员工树立道德规范和行为准则，鼓励员工做正确的事和以正确的方式做事，这些举措赋予工作以伦理道德意义；伦理型领导积极倾听员工的真实想法及感受，并给予他们参与决策的自主权和影响力，这使得员工对工作拥有更大掌控力，以及更强烈的责任感和工作动机；伦理型领导通过双向沟通的方式，与员工交流关于工作中的道德问题的立场和态度，而不是强迫员工服从自己的命令，这给予了员工尊重和支持。已有研究表明，伦理型领导能够对员工的工作自主性产生显著的正向影响（De Hoogh and Den Hartog，2008）。基于上述分析，自我决定是解释伦理型领导与员工正向偏离行为之间关系的中介变量之一。综上，提出以下假设。

H3a：自我决定对员工正向偏离行为具有正向影响。

H3b：自我决定在伦理型领导与员工正向偏离行为的关系中起到中介作用。

三、自我效能的中介作用

自我效能反映的是个体对于自己是否拥有完成工作所需的技能、能力和知识等的信念，很大程度上决定着个体的行为方向，并对行为结果产生关键性影响（Spreitzer，1995）。自我效能影响个体的选择、持续性及努力程度（Bandura，1997），高自我效能员工相信自己能够解决自己想要的或需要的问题，因而他们更愿意开始行动、追逐目标及坚持不懈（Stajkovic，2006）。此外，高自我效能员工热爱探索，富有冒险精神，总是设定难度大、有挑战的目标（Bandura and Locke，2003）。因此，高自我效能员工更愿意为了增进组织利益，以身试险去打破刻板的组织规则。

根据社会学习理论，自我效能具有可塑性，个体可以通过替代榜样（vicarious experience）、口头说服（verbal persuasion）、情感唤醒（affective arousal）以及成功经验（enactive mastery）四种方式提高自我效能（Bandura，1986），而领导尤其是可靠且有道德的领导，在提升员工的自我效能方面能够发挥巨大的影响力（Bandura，1991；Bandura，2001；Walumbwa et al.，2011）。伦理型领导肩负着"道德人"和"道德管理者"的双重身份，他们不仅自身恪守道德价值观，而且时常会询问员工"什么是我们要做的正确的事"，这教会了员工在制定决策时进行战略性思考，锻炼了员工的道德思辨能力，提高了员工的自我效能感；伦理型领导充满善意的言行，以及对员工个人发展的真切关怀，都有利于员工获得成长和自信，从而提高员工的自我效能感；伦理型领导更注重工作过程而非结果成败，这减轻了员工对于工作结果的担心和焦虑，也有助于增强员工的自我效能感；伦理型领导更关心员工的最佳利益，希望看到员工表现良好和潜力激发，这为员工创造了一个安全的心理环境，有利于员工的能力得到提升，也让员工变得更加自信，自我效能感更高（Brown et al.，2005；Walumbwa and Schaubroeck，2009）。综上所述，领导通过榜样的力量来指引员工行为，尤其是具有吸引力且值得信赖的领导的影响力会更大。因此，作为角色模范的伦理型领导有助于提高员工的自我效能感，促使他们表现出更多的正向偏离行为。基于上述分析，自我效能是解释伦理型领导对员工正向偏离行为的影响机制的中介变量之一。综上，提出以下假设。

H4a：自我效能对员工正向偏离行为具有正向影响。

H4b：自我效能在伦理型领导与员工正向偏离行为的关系中起到中介作用。

四、工作影响的中介作用

工作影响反映的是在完成工作的过程中，个体行为对结果产生的影响程度的大小，如对组织策略、行政管理及经营绩效的影响程度等（Spreitzer，1995；张笑峰和席酉民，2014）。如果员工觉得自己对工作结果能够产生影响，那么他们会认为自己是能动的主体而不是无助的环境客体，从而积极地参与工作决策，充分地发挥主观能动性。鉴于正向偏离行为的自主性、风险性等特征，不难推测能够对工作过程或结果发挥影响力的员工会表现出更多的正向偏离行为。

Spreitzer（1995）提出工作影响不是稳定的人格特征变量，而是受工作情境的影响而发生变化的。鉴于领导拥有的权力和地位，他们对员工的工作影响感知具有重要的影响。伦理型领导不仅在做出个人决策及判断时遵守道德伦理，而且向员工阐述组织所推崇的商业伦理，沟通和传达相关的信息（Brown et al.，2005）。通过这种方式，伦理型领导提高了员工对道德行为的评价，厘清了员工的道德行为对实现组织高阶目标的贡献及意义，这些都能够有效提升员工对自己在工作方面的影响程度的感知。当员工认为自己能够较大程度地影响工作结果时，他们会更加愿意为了增进组织整体的福祉而付出额外的努力，甚至不惜为此打破组织规则。基于上述分析，工作影响可以作为理解伦理型领导对员工正向偏离行为的正向影响的中介机制变量。综上，提出以下假设。

H5a：工作影响对员工正向偏离行为具有正向影响。

H5b：工作影响在伦理型领导与员工正向偏离行为的关系中起到中介作用。

根据以上的研究假设，建构本章第一个研究模型，如图7-1所示。

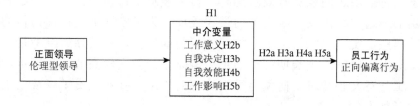

图7-1　心理授权的中介作用研究模型（研究模型一）

第四节　基于社会困境理论的调节机制

一、长期结果考量的调节作用

　　长期结果考量是指个体在选择当前行为时，对这些行为可能导致的长期结果的关心程度，以及他们的行为选择受到这些结果影响的程度是一种稳定而可靠的个体差异（Strathman et al.，1994；张文慧和王辉，2009）。长期结果考量倾向高的个体善于战略性思考，更多地关注长期结果、长远目标及长期利害关系，宁愿牺牲眼前利益以换取长期利益；长期结果考量倾向低的个体则倾向战术性思考，聚焦于短期的需要及利益，更愿意享受当下的幸福，将问题留到未来去解决。已有研究表明，如果员工的长期结果考量倾向高，那么他们会更乐于为了实现集体的长期利益而牺牲个人的短期幸福（Joireman et al.，2006a；2006b）。从短期来看，正向偏离行为给越轨员工本人带来风险和成本问题，但是从长远来看，正向偏离行为能够创造积极的后果，这些后果又会惠及组织全体成员，因而，对于行使正向偏离行为的员工来说，这是一个两难的困境。长期结果考量可以预测个体对于不同阶段的结果及利益关系的价值取向，因此，长期结果考量倾向能够调节心理授权与正向偏离行为两者之间的关系。

　　长期结果考量倾向可能强化工作意义、自我决定、自我效能和工作影响对员工正向偏离行为的正向影响。具体而言，高长期结果考量倾向的个体在选择当下行动时，更加重视长期结果及利益，而不是行为的短期价值（Strathman et al.，1994）。基于这种与结果发生的时间距离有关的价值取向，高长期结果考量倾向员工在面对短期成本与长期利益之间的冲突时，倾向于牺牲当下、成就未来。所以相对于低长期结果考量倾向的员工而言，他们对致力于创造长远利益的行为会做出较高的价值判断。当员工的工作角色与自我信念及价值观之间能够有效匹配时，员工会将工作视为人生使命或召唤，进而主动地追求组织及组织成员的最大福祉。为了实现上述目标，他们会愿意打破那些对实现组织目标造成妨碍的规则或规范。高长期结果考量倾向使得员工对能够增进组织长期利益的正向偏离行为做出较高的价值评价，因而强化了工作意义感知对正向偏离行为的正向作用，并激发员工表现出更多的正向偏离行为。

　　当工作任务能够激发员工的内在兴趣，或者与员工的工作价值观相匹配，又或者能强化员工的自我认同时，他们会产生较高的自我决定感知（Gagné and Deci，

2005)。高自我决定感知的员工具有较强烈的完成工作目标的动机，当规则或规范影响目标实现时，他们会倾向于违背规则，而不是墨守成规。高长期结果考量倾向会使员工更愿意为了长期结果而牺牲当前利益，因而能够增强自我决定对正向偏离行为的正向影响，高长期结果考量倾向与高自我决定的相互作用使得员工表现出更多的正向偏离行为。

高自我效能员工更加相信自己具备解决困难的能力，更容易采取行动、追逐目标，并在遭遇困难时坚持不懈（Stajkovic，2006），因此，高自我效能员工更可能从事正向偏离行为。高长期结果考量员工关注行为的长期影响，对正向偏离行为的长期价值做出较高评价，并忽略其可能产生的个人短期损失。因此，高长期结果考量倾向会增强高自我效能员工实施正向偏离行为的意愿。当员工预期自己能够对工作结果产生较大影响时，他们会积极地参与制订工作决策，更有可能表现出正向偏离行为。然而，正向偏离行为对于员工来说是一种社会困境，高长期结果考量倾向则使员工更关注正向偏离行为可能创造的长期收益，增强具有高工作影响感知的员工对于实施正向偏离的正向信念，使得员工从事更多的正向偏离行为。

相对而言，低长期结果考量倾向个体更加看重行为的短期成果及利益，而忽略行为的长期价值，当个人短期利益与组织长期利益产生冲突时，可能会选择争取短期利益，即使这会使得组织及个人的长期利益受损。所以相对于高长期结果考量倾向的员工而言，他们对短期利益得失更加看重，因而会忽视甚至损害长期价值。这种关于短期利益与长期利益的价值取向会削弱工作意义、自我决定、自我效能和工作影响对员工正向偏离行为的积极影响。综上，提出以下假设。

H6a：员工长期结果考量在工作意义与员工正向偏离行为的关系中起到调节作用，即员工的长期结果考量倾向可以增强工作意义对员工正向偏离行为的正向影响。

H6b：员工长期结果考量在自我决定与员工正向偏离行为的关系中起到调节作用，即员工的长期结果考量倾向可以增强自我决定对员工正向偏离行为的正向影响。

H6c：员工长期结果考量在自我效能与员工正向偏离行为的关系中起到调节作用，即员工的长期结果考量倾向可以增强自我效能对员工正向偏离行为的正向影响。

H6d：员工长期结果考量在工作影响与员工正向偏离行为的关系中起到调节作用，即员工的长期结果考量倾向可以增强工作影响对员工正向偏离行为的正向影响。

根据以上的研究假设，建构本章第二个研究模型，如图7-2所示。

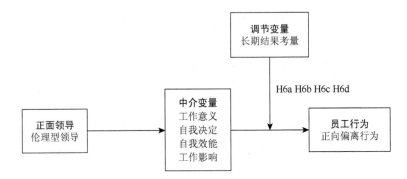

图 7-2　长期结果考量的调节作用研究模型（研究模型二）

二、共情的调节作用

员工正向偏离行为将造成两种"成本-利益"冲突，即员工个人利益与组织集体利益之间的冲突、员工短期成本与组织长期利益之间的冲突，前者属于社会冲突，后者则属于时间冲突（Joireman et al.，2006a；2006b）。长期结果考量倾向可以预测个体如何解决时间冲突，共情则可以预测个体如何应对社会冲突。共情是一种与情感体验和认知能力有关的人格特质，反映的是个体理解他人感受，采择他人观点的能力（Decety and Jackson，2006）。正向偏离行为是一种社会困境，当员工行使正向偏离行为时，个人利益与组织利益之间会发生冲突，而共情倾向会影响员工对于不同类型的利益的价值判断，因此，这一特点导致共情倾向可以调节心理授权与正向偏离行为之间的关系。

共情倾向可能强化工作意义、自我决定、自我效能和工作影响对员工正向偏离行为的正向影响。具体而言，高共情倾向的个体关心他人和集体的福祉，也更加看重组织利益，而不是狭隘的个人利益（Penner and Finkelstein，1998；刘聪慧等，2009）。正是出于这种明确的价值取向，他们在面对个人利益与组织利益之间的冲突时，倾向于牺牲自己保全组织。所以相对于低共情倾向的员工而言，他们对有益于组织的行为会做出较高的价值评价。高工作意义感知的员工会主动追求组织利益最大化，甚至不惜为此打破组织规则或规范。高共情倾向可以强化员工的工作意义感知对其正向偏离行为的积极影响，并促使他们表现出更多的正向偏离行为。高自我决定感来源于员工拥有较多的自由和较大的权力，这会激发员工对工作本身的兴趣，以及完成工作目标的强烈动机（Gagné and Deci，2005）。因此，当组织规则对实现目标造成妨碍时，高自我决定感的员工倾向于违背规则，而不是适应规则。共情倾向会增强自我决定对正向偏离行为的正向影响，高共情倾向与高自我决定的员工会具有更多的正向偏离行为。由于高自我效能的员工相信自己具备解决问题的能力，所以更愿意挑战难度系数高的工作任务，并在遇到困难时坚持不懈，开拓创新，竭尽所能地解决困难（Stajkovic，2006）。因此，高共情倾向会强化高自我效能员工实施正向偏离行为的意愿，促使他们表现出更多的正向偏离行为。当员工预期自己能够对工作结果产生较大影响时，他们会积极投入地参与工作决策及过程，更有可能表现出正向偏离行为。高共情倾向会增强员工关于正向偏离行为的积极信念，这使得高工作影响感对员工正向偏离行为的正向影响变得更加强烈。

相对而言，低共情倾向者更加在意个人的利益及损失，当个人利益与组织利益发生冲突时，更倾向于维护自身利益，并避免损失。所以相对于高共情倾向员工而言，低共情倾向员工对个人得失更加看重，更有可能忽视甚至损害组织利益。这种关于个人利益与组织利益的价值取向会削弱工作意义、自我决定、自我效能和工作影响对员工正向偏离行为的积极影响。已有研究证实，将要离职的员工会有较少的组织公民行为，然而，高共情倾向员工的组织公民行为不会因为离职而发生明显的变化，而低共情倾向员工的组织公民行为则显著减少（Joireman et al.，2006a）。综上，提出以下假设。

H7a：员工共情在工作意义与员工正向偏离行为的关系中起到调节作用，即员工的共情倾向可以增强工作意义对员工正向偏离行为的正向影响。

H7b：员工共情在自我决定与员工正向偏离行为的关系中起到调节作用，即员工的共情倾向可以增强自我决定对员工正向偏离行为的正向影响。

H7c：员工共情在自我效能与员工正向偏离行为的关系中起到调节作用，即员工的共情倾向可以增强自我效能对员工正向偏离行为的正向影响。

H7d：员工共情在工作影响与员工正向偏离行为的关系中起到调节作用，即员工的共情倾向可以增强工作影响对员工正向偏离行为的正向影响。

根据以上的研究假设，建构本章第三个研究模型，如图7-3所示。

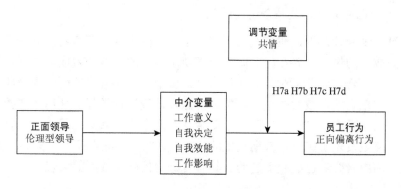

图7-3　共情的调节作用研究模型（研究模型三）

第五节　问卷设计与测试

一、问卷设计

本书采取的研究方法主要是问卷调查法，调研过程中获取的样本数据的统计分析结果直接决定着书中所建构的研究模型及假设是否成立。按照一般性规律，问卷调查法取得的研究结果的可靠性与有效性在很大程度上取决于调查问卷的设计质量。科学、规范、操作性强的调查问卷能够确保答卷者客观如实地反映调查对象的现状，从而帮助研究者比较准确地揭示变量之间的关系，并顺利达到解决问题和指导实践的研究目的。因此，调查问卷能否测量出被试的真实的感受、认知及行为倾向，是一个至关重要的问题。

（一）问卷设计过程

问卷设计的关键环节之一是为构念确定合适的测量工具，本书并没有开发新量表，全部量表都来源于国内外文献中的成熟量表。其中，大部分量表已经被国内研究者使用过，并证明具有较高的信度及效度；少数量表是第一次在中国情境下使用，如共情和正向偏离行为。国内学者已经使用过的量表，若存在多个不同版本的，则选择翻译质量较高的版本，如发表在国内管理学及相关学科一流期刊上的量表；若没有找到合适的中文译本的，则选择信度和效度最高、使用范围最广的英文量表，如发表在国外管理学及相关学科一流期刊上的量表，将其翻译成中文量表。具体而言，调查问卷的设计流程分为搜寻量表、翻译-回译量表两个基本步骤，具体情况如下所述。

1. 回顾已有文献，搜寻合适的量表

通过文献回顾发现，在涉及的研究变量中，国内外研究者对部分变量已经开发了较为成熟的量表，并在相关研究中表现出良好的信度和效度，本书直接使用了这些成熟量表。然而，对有些变量而言，由于不同研究者的研究视角和目的不同，设计的量表存在较大的差异，所以对这些量表进行了择优使用。选择量表的过程遵循两个准则：第一，当同一个变量存在多个不同版本的量表时，首先选择接受度最高或发表于国外权威期刊上的量表；第二，在满足第一个准则的基础上，尽量选择国内研究者已经验证过的、具有良好的信度和效度的量表。

2. 回译并修订测量题项

为所有变量选定了测量工具之后，接下来的工作是将英文量表翻译为中文

版本。为了提高译文的精准度和可读性，对本书所使用的全部英文量表都进行了翻译及回译。具体过程如下：首先，由一名管理学专业的博士研究生、一名英语专业的硕士研究生分别将英文量表翻译为中文，过程中双方不进行商讨；翻译完毕之后，双方针对出现的分歧集中讨论，最终达成统一意见；接下来，再由其他两位英语专业的硕士研究生将中文量表回译为英文；最后，两组翻译人员将英文原始量表与汉译英量表进行对照，共同探讨两者之间的偏差，并剖析其原因，再对英译汉量表加以修订，修正翻译中的主观误差。最终形成一份语义清晰、结构合理、符合中文表达习惯，并能精确地传达英文原始量表的内涵和外延的中文量表。

（二）变量测量工具

为确保测量工具的信度和效度，使用的测量工具均来自国外成熟量表。在设计问卷之前，通过中英文双向互译的方式修正语义，并邀请有关学者对量表内容进行审核和修正，最终形成正式的测量量表。由于所有变量都采用自我报告的方式收集数据，为了减少这种方式所造成的同源方差问题，在对数据进行统计分析时，对变量进行了适当处理。此外，为了确保测量工具的一致性，所有变量的评价均采用 Likert 6 点计分法，要求被试从 1（完全不符合）到 6（完全符合）对测量题项做出主观判断。

1. 正向偏离行为的测量题项

正如第二章第一节所述，对于正向偏离行为的内涵有两种不同的界定方法：第一种，认为正向偏离行为是一个涵盖式术语，涵盖了负责行为、创造力绩效、建言行为、揭发行为、角色外行为、亲社会行为、亲社会性违规行为、反角色行为以及议题营销等多种子行为（Vadera et al.，2013）；第二种，认为正向偏离行为是一个多维度构念（Galperin，2002；Galperin and Burke，2006）。Galperin（2002）开发了正向偏离行为的测量量表，包括创新性正向偏离行为、挑战性正向偏离行为和人际正向偏离行为三个子维度。分析结果表明，Galperin 量表中三个子维度的 Cronbach's α 系数在 0.72～0.81（Galperin and Burke，2006）。按照学术界的统一标准，量表信度最好不要低于 0.8，否则其可靠性将受到质疑（陈晓萍等，2012），Galperin 量表显然没有满足上述要求。

到目前为止，还没有开发出得到广泛认可的正向偏离行为量表。由于正向偏离行为的概念集比较庞大，将全部子行为的量表都放入调查问卷中并不现实。依照以往研究对涵盖式术语员工主动性行为的测量方式（Parker et al.，2006；Fritz and Sonnentag，2009），决定从正向偏离行为的全部子行为中，挑选出一种能够较好地代表正向偏离行为的子行为加以测量。经过反复斟酌，选定了亲社会性违规行为。之所以选择该行为，主要基于两方面的考虑：第一，亲社会性违规行为是最具代表性的正向偏离行为之一，体现了正向偏离行为的关键特征（Vadera et al.，2013）；第二，尽管亲社会性违规行为作为一种学术概念被提出的时间较短，然而得到了较快较好的发展，多项研究证实，Dahling 等（2012）开发的亲社会性违规行为量表具有良好的信度和效度。故而，本书在对 Dahling 量表进行英汉双向互译后予以采用。

Dahling 量表中的亲社会性违规行为包括三个维度：①提高效率指当组织规则对实现目标构成威胁时，为了帮助下属、同事和为顾客提供服务，员工打破组织规则。例如，为了获得价格优惠，节省成本支出，向未经组织核准的供应商购买办公用品。②帮助同事指由于关心或同情同事（通常指下属）而违反组织规则。例如，按照公司规定，负责维持客户关系的银行职员必须在银行大门外接待顾客，而在天气寒冷时，大堂经理打破规则让他们到室内取暖。③服务顾客指为了维持客户关系而违反组织规则的员工行为。例如，下午两点钟之后，药房一般不再接收冲印医用胶卷的业务，然而，有些员工会在规定时间之外为顾客提供服务。亲社会性违规行为测量题项的具体内容如表 7-1 所示。

表 7-1　亲社会性违规行为测量量表

题号	测量题项	维度
Q1-1	为了更高效地完成工作，我打破组织规则或政策	
Q1-2	为了给组织节约时间和金钱，我违反组织政策	
Q1-3	为了避免繁文缛节，提高工作效率，我忽略组织规则	提高效率
Q1-4	当组织规则干扰我的工作时，我打破规则	
Q1-5	我不会遵守那些降低组织效率的条例	
Q1-6	如果同事在履行工作职责时需要帮助，我打破组织规则	
Q1-7	当其他员工在工作中需要我的帮助时，我违反组织规则去帮助他	帮助同事
Q1-8	通过打破组织规则，我帮助其他员工完成工作	
Q1-9	即便意味着不尊重组织的政策，我也要帮助其他员工完成工作	
Q1-10	当组织规则妨碍了为客户提供优质服务时，我打破规则	
Q1-11	为了给客户提供优质服务，我忽略对工作造成干扰的组织政策	服务顾客
Q1-12	我打破组织规则以便给客户提供更好的服务	
Q1-13	为了给客户提供最佳帮助，我更改组织的规则	

2. 伦理型领导的测量题项

伦理型领导的测量采用 Brown 等（2005）开发的量表，该量表得到了研究者的广泛认可及使用。一些国内研究者的研究表明，该量表用于测量中国企业员工时同样具有良好的信度和效度，具有较强的跨文化适用性（梁建，2014；涂乙冬等，2014）。该量表只有一个维度，包含 10 个题项，各个题项的具体内容如表 7-2 所示。

表 7-2　伦理型领导测量量表

题号	测量题项
Q2-1	我的上级/领导倾听员工
Q2-2	我的上级/领导训导违反道德标准的员工
Q2-3	我的上级/领导在个人生活中讲道德
Q2-4	我的上级/领导考虑员工的利益
Q2-5	我的上级/领导做出的决定公平而均衡
Q2-6	我的上级/领导值得信赖
Q2-7	我的上级/领导与员工讨论商业道德或价值观
Q2-8	我的上级/领导给员工树立正确做事的道德榜样
Q2-9	我的上级/领导不仅根据结果而且根据取得结果的方式来判断成功与否
Q2-10	我的上级/领导在做决定时会问"什么样的决定是对的"

3. 心理授权的测量题项

心理授权的测量工具来源于 Spreitzer（1995）开发的授权量表。尽管此授权量表基于西方文化背景所编制，然而李超平等（2006）对 23 家中国企业样本的统计分析结果表明，Spreitzer 授权量表的内部一致性良好，聚合效度和区分效度均满足相关标准，此量表具有较强的跨文化适用性，能够较好地用于测量中国企业员工的授权感知。本书测量员工的心理授权感知时，采用的是李超平等翻译的 Spreitzer 授权量表的中文版本，量表由四个维度构成，每个维度下又各包含 3 个题项，维度名称和测量题项的具体内容如表 7-3 所示。

表 7-3　心理授权测量量表

题号	测量题项	维度
Q3-1	我所做的工作对我来说非常有意义	
Q3-2	工作上所做的事对我个人来说非常有意义	工作意义
Q3-3	我的工作对我来说非常重要	

续表

题号	测量题项	维度
Q3-4	我自己可以决定如何来着手做我的工作	
Q3-5	在如何完成工作上，我有很大的独立性和自主权	自我决定
Q3-6	在决定如何完成我的工作上，我有很大的自主权	
Q3-7	我掌握了完成工作所需要的各项技能	
Q3-8	我自信自己有干好工作上的各项事情的能力	自我效能
Q3-9	我对自己完成工作的能力非常有信心	
Q3-10	我对发生在本部门的事情的影响很大	
Q3-11	我对发生在本部门的事情起着很大的控制作用	工作影响
Q3-12	我对发生在本部门的事情有重大的影响	

4. 长期结果考量的测量题项

长期结果考量倾向考察的是个体当前的决定受到过去、现在以及未来影响的程度高低。Strathman 等（1994）开发的关心未来结果量表，由 12 个测量题项组成，用于考察潜在长期结果对个体行为的影响程度。最初，该量表被认定为一个单维度量表。后来，Joireman 等（2008）提出了不同意见，他们认为，长期结果考量倾向并不是单维度构念，而是包括关心未来结果和关心当下结果两个维度。研究结果支持长期结果考量构念的二维度量表，该量表具有更好的信度和效度，以及更强的预测力和解释力。近年来，Joireman 等（2012）进一步完善了 Strathman 等的量表，为 CFC-F 维度增加了两个题项，提出并验证了由 14 个测量题项构成的二维度量表。本书以 Strathman 等（1994）的量表中的关心当下结果维度作为初始测量工具，具体题项及其来源如表 7-4 所示。

表 7-4　长期结果考量测量量表

题号	测量题项
Q4-1	我只考虑眼前的事，将来的事情顺其自然就好
Q4-2	我的行为仅受近期结果（近几天或几周）的影响
Q4-3	做决定或做事时，我主要考虑是否方便舒适
Q4-4	我一般会忽略将发生问题的预警信号，因为问题恶化之前一般会得到解决
Q4-5	将来的事情可以迟一点解决，没必要为此而牺牲现在
Q4-6	我只考虑眼下的问题，将来的问题等将来出现时再去处理
Q4-7	日常工作会产生特定的结果，因而比具有长期影响的行为更重要

5. 共情的测量题项

共情反映的是感知和理解他人情绪的一种心理状态或人格特质。本书聚焦于与人格特质或倾向有关的共情倾向，即从他人角度换位思考的程度。从 Davis (1983) 的共情倾向量表中选用了观点采择维度的分量表，量表由 7 个测量题项构成，具体题项及其来源如表 7-5 所示。

表 7-5　共情测量量表

题号	测量题项
Q5-1	批评他人之前，我会先试着考虑对方的立场
Q5-2	就算确信自己是对的，我还是会听取他人的意见
Q5-3	为了更好地理解朋友的想法，我会从他们的角度来看问题
Q5-4	事情都有两面性，所以我尝试从两方面来看问题
Q5-5	从"其他人"的视角来考虑问题很容易
Q5-6	在做决定前，我会考虑每个人的不同意见
Q5-7	当我对别人不满时，我会试着感受他的处境

6. 控制变量

根据以往相关研究的结论，员工亲社会性违规行为受到企业性质、工作部门、任职年限、职位、性别、年龄、学历七种组织因素和个体因素的影响。为了避免上述因素干扰亲社会性违规行为，进而混淆亲社会性违规行为、伦理型领导、心理授权、长期结果考量、共情之间的关系，本书将这些变量作为控制变量纳入研究模型。

二、问卷试测与调整

由于客观条件和主观能力等综合因素，初始调查问卷难免存在一些问题。在翻译英文量表过程中，尽管严格遵循相关原则开展每个环节的工作，尽量保证语义准确、语言简练、通俗易懂，然而难免存在一些不足之处。另外，由于中西方文化背景下，人们的思维方式、语言逻辑和行文结构等都存在一定的差异，中文翻译很难准确地表达英文原文的内涵和外延，更难的是能够以恰当的形式让答卷者准确地认知和把握，这些难题都不免影响到问卷的质量。尤其是对首次应用于中国员工的测量工具，其有效性和可信度更是需要进行严格的审查。

为了找出初始调查问卷中可能存在的问题，进而予以修正和完善，在进行大规模的正式问卷调查之前，抽取了少量员工样本进行小规模的试测，其目的在于：①考察调研对象能否准确地理解测量题项的含义；②测量题项是否能够有效地反映构念的内涵和外延；③测量题项之间以及一个构念的不同维度之间是否具有较高的内部一致性。试测数据的检验过程包括信度检验和效度检验：一是运用 SPSS22.0 统计软件计算各个变量的校正项目总分相关系数（corrected item-total correlation，CITC）和 Cronbach's α 系数，从而判断测量量表是否具有良好的信度；二是进行 Bartlett 球形检验和 KMO（Kaiser-Meyer-Olkin）测度，考察变量是否适合做探索性因子分析，然后采取主成分分析法和方差极大法分析量表的效度水平。根据试测的分析结果，找出问题和不足，再对每个测量量表进行修正和完善，最终形成正式的调查问卷。

在实施大规模正式问卷调查之前，在一家上海的大型外资企业中进行了小规模抽样调查，调查对象为该公司研发、销售和人力资源等部门的员工。在小规模调研过程中，共发放 150 份问卷，回收 128 份，剔除 20 份不合格问卷（如漏答、多选、态度敷衍、具有较为极端的倾向性等）之后，有效问卷总计 108 份，有效回收率为 72%。对于亲社会性违规行为、伦理型领导、心理授权、长期结果考量和共情的测量量表的信度与效度分析结果，具体如下所述。

（一）试测量表的评价指标及标准

在试测过程中，从两个方面分析调查问卷的测量题项是否合适：一是测量量表是否具有良好的信度，本书依据 CITC 值和 Cronbach's α 系数两个指标来做出判断；二是通过探索性因子分析法，考查量表的因子结构，并对量表的效度水平做出判断。

首先，运用 SPSS22.0 统计软件分析各个构念的测量量表的 CITC 值和 Cronbach's α 系数。目前，国内外研究者对于 CITC 值的临界标准的取值问题还没有达成共识。Cronbach 指出，当测量题项的 CITC 值小于 0.50 时，表示题项信度偏低，应该予以删除。国内研究者卢文岱（2010）提出的标准更加宽松，他认为只要测量题项的 CITC 值大于 0.30，即可予以保留。在判定某个测量题项是否应该保留时，除了观察 CITC 值，还应该综合考察整个量表的 Cronbach's α 系数的变化情况。这意味着，在某个测量题项的 CITC 值低于临界值的情况下，如果将该题项删除之后，整个量表的 Cronbach's α 系数会变大，这时才应该做出删除该题项的决定，换言之，删除某题项之后，整个量表的 Cronbach's α 系数并没有改变，或甚至更小，则应该选择保留该题项。

其次，采用 SPSS22.0 统计软件对各个构念的测量题项进行探索性因子分析，以检验量表的效度水平。具体做法如下。首先，利用 Bartlett 球形检验和 KMO 测度来考察测量量表是否适合做探索性因子分析，当 KMO 值大于 0.70 时，表明该量表可以进行因素分析，当 KMO 值小于 0.70 时，表明该量表不适合继续进行因素分析。在满足了因素分析的条件之后，采取主成分分析法和方差极大法继续考量测量量表的效度情况，判断标准是：如果每个测量题项的因子载荷都大于 0.40，且不存在跨因子载荷问题（交叉载荷小于 0.40），那么表示测量量表的效度符合相关要求。

（二）试测量表的分析结果

1. 亲社会性违规行为信度、效度的分析结果

亲社会性违规行为的初始量表的 CITC 值、Cronbach's α 系数，以及探索性因子分析的计算结果如表 7-6 和表 7-7 所示。由表 7-6 可知，从整体来看，亲社会性违规行为量表的内部一致性系数 Cronbach's α 为 0.887，13 个测量题项的 CITC 值均大于 0.30，删除任何一个题项都不能提高该量表的 Cronbach's α 系数。从三个维度来看，提高效率维度的 Cronbach's α 系数为 0.701，帮助同事维度的 Cronbach's α 系数为 0.887，服务顾客维度的 Cronbach's α 系数为 0.828，删除任何一个题项都不能提高各个维度量表的 Cronbach's α 系数。以上结果表明，亲社会性违规行为量表的信度符合测量要求。

表 7-6　亲社会性违规行为的信度分析结果一（试测）

维度	题号	CITC	删除题项后的 Cronbach's α
提高效率	Q1-1	0.425	0.613
	Q1-2	0.369	0.638
	Q1-3	0.421	0.615
	Q1-4	0.537	0.559
	Q1-5	0.355	0.647
帮助同事	Q1-6	0.685	0.882
	Q1-7	0.791	0.840
	Q1-8	0.797	0.838
	Q1-9	0.743	0.858
服务顾客	Q1-10	0.634	0.791
	Q1-11	0.696	0.765
	Q1-12	0.663	0.779
	Q1-13	0.628	0.795

表 7-7　亲社会性违规行为的探索性因子分析结果一（试测）

题号	因子载荷（提高效率）	因子载荷（帮助同事）	因子载荷（服务顾客）
Q1-1	**0.818**	0.084	0.191
Q1-2	**0.856**	0.162	−0.022
Q1-3	**0.485**	0.381	0.265
Q1-4	**0.784**	0.233	0.149
Q1-5	**0.838**	0.006	−0.012
Q1-6	0.315	**0.672**	0.346
Q1-7	0.286	**0.653**	0.387
Q1-8	0.259	**0.685**	0.382
Q1-9	0.163	**0.696**	0.379
Q1-10	−0.048	0.341	**0.728**
Q1-11	0.153	0.183	**0.789**
Q1-12	0.127	−0.107	**0.770**
Q1-13	0.050	0.033	**0.776**
KMO		0.888	
Bartlett 球形检验		793.175	
特征值	5.836	1.409	1.316
解释方差变异/%	44.890	10.842	10.124
累计解释方差变异/%		65.856	
sig.		0.000	

注：加粗提示测量题项所对应的因子。

由表 7-7 可知，亲社会性违规行为的 KMO 值为 0.888，大于 0.70，Bartlett 球形检验卡方值为 793.175，在 0.000 水平上显著，表明适合做因子分析。主成分因子分析法抽取出提高效率、帮助同事、服务顾客三个特征值大于 1 的因子，其特征值分别为 5.836、1.409、1.316；三个因子累计解释方差变异比例为 65.856%，13 个题项在所属因子上的载荷均大于 0.40，且不存在跨因子载荷题项。以上结果表明，亲社会性违规行为量表的效度符合测量要求。

2. 伦理型领导信度、效度的分析结果

伦理型领导的初始量表的 CITC 值、Cronbach's α 系数，以及探索性因子分析的计算结果如表 7-8 和表 7-9 所示。由表 7-8 可知，第 2 个和第 10 个测量题项的 CITC 值略低于 0.50，但是远大于 0.30 的最低标准，其他题项的 CITC 值都大于 0.50，量表整体的内部一致性系数 Cronbach's α 高达 0.907。上述分析结果表明，伦理型领导量表的信度符合测量要求。

表 7-8　伦理型领导的信度分析结果（试测）

题号	CITC	删除题项后的 Cronbach's α
Q2-1	0.542	0.906
Q2-2	0.447	0.910
Q2-3	0.578	0.903
Q2-4	0.758	0.892
Q2-5	0.742	0.893
Q2-6	0.823	0.888
Q2-7	0.807	0.888
Q2-8	0.790	0.890
Q2-9	0.730	0.894
Q2-10	0.476	0.910

表 7-9　伦理型领导的探索性因子分析结果（试测）

题号	因子载荷
Q2-1	0.604
Q2-2	0.517
Q2-3	0.646
Q2-4	0.828
Q2-5	0.816
Q2-6	0.879
Q2-7	0.869
Q2-8	0.858
Q2-9	0.795
Q2-10	0.547
KMO	0.889
Bartlett 球形检验	782.283
特征值	5.597
解释方差变异/%	55.970
sig.	0.000

由表 7-9 可知，伦理型领导的 KMO 值为 0.889，大于 0.70，Bartlett 球形检验卡方值为 782.283，在 0.000 水平上显著，表明适合做因子分析。主成分因子分析法抽取出一个特征值大于 1 的因子，其值为 5.597；该因子解释方差变异比例为 55.970%，10 个测量题项的因子载荷均高于 0.40。上述分析结果表明，伦理型领导量表的效度符合测量要求。

3. 心理授权信度、效度的分析结果

心理授权的初始量表的 CITC 值、Cronbach's α 系数，以及探索性因子分析的计算结果如表 7-10 和表 7-11 所示。由表 7-10 可知，除了自我效能维度的 3 个测量题项的 CITC 值低于 0.50，其他 9 个测量题项的 CITC 值均大于 0.50，删除任何一个题项都不能提高该量表的 Cronbach's α 系数。整个量表的内部一致性系数 Cronbach's α 为 0.887，工作意义维度的 Cronbach's α 系数为 0.891，自我决定维度的 Cronbach's α 系数为 0.888，自我效能维度的 Cronbach's α 系数为 0.837，工作影响维度的 Cronbach's α 系数为 0.903。以上结果表明，就信度而言，该量表符合测量要求。

表 7-10　心理授权的信度分析结果（试测）

维度	题号	CITC	删除题项后的 Cronbach's α
工作意义	Q3-1	0.716	0.864
	Q3-2	0.597	0.870
	Q3-3	0.651	0.867
自我决定	Q3-4	0.564	0.873
	Q3-5	0.549	0.873
	Q3-6	0.604	0.870
自我效能	Q3-7	0.495	0.876
	Q3-8	0.465	0.878
	Q3-9	0.431	0.879
工作影响	Q3-10	0.649	0.867
	Q3-11	0.584	0.872
	Q3-12	0.621	0.869

表 7-11　心理授权的探索性因子分析结果（试测）

题号	因子载荷（工作意义）	因子载荷（自我决定）	因子载荷（自我效能）	因子载荷（工作影响）
Q3-1	**0.815**	0.249	0.240	0.222
Q3-2	**0.888**	0.064	0.247	0.139
Q3-3	**0.794**	0.249	0.236	0.157
Q3-4	0.398	**0.788**	−0.030	0.117
Q3-5	0.105	**0.917**	0.124	0.166
Q3-6	0.106	**0.883**	0.116	0.288
Q3-7	0.235	0.155	**0.790**	0.091
Q3-8	0.150	0.055	**0.927**	0.129
Q3-9	0.227	0.004	**0.872**	0.089
Q3-10	0.170	0.125	0.231	**0.870**
Q3-11	0.108	0.162	0.079	**0.928**
Q3-12	0.203	0.270	0.026	**0.836**

续表

题号	因子载荷 （工作意义）	因子载荷 （自我决定）	因子载荷 （自我效能）	因子载荷 （工作影响）
KMO		0.777		
Bartlett 球形检验		1109		
特征值	5.384	2.074	1.479	1.112
解释方差变异/%	44.871	17.280	12.328	9.265
累计解释方差变异/%		83.744		
sig.		0.000		

注：加粗提示测量题项所对应的因子。

由表 7-11 可知，心理授权的 KMO 值为 0.777，大于 0.70，Bartlett 球形检验卡方值为 1109，在 0.000 水平上显著，表明适合做因子分析。主成分因子分析法抽取出工作意义、自我决定、自我效能和工作影响四个特征值大于 1 的因子，其值分别为 5.384、2.074、1.479 和 1.112；四个因子累计解释方差变异比例为 83.744%，12 个题项在各自因子上的载荷均大于 0.40，且不存在跨因子载荷题项。以上结果表明，就效度而言，该量表符合测量要求。

4. 长期结果考量信度、效度的分析结果

长期结果考量的量表的 CITC 值、Cronbach's α 系数，以及探索性因子分析的计算结果如表 7-12 和表 7-13 所示。由表 7-12 可知，第 7 个测量题项的 CITC 值略高于 0.30，而其他题项的 CITC 值都显著大于 0.30，且删除任何一个题项都不能提高量表的 Cronbach's α 系数，此外，量表整体的内部一致性系数 Cronbach's α 为 0.741，超过了 0.70 的临界值。以上结果表明，长期结果考量量表的信度基本符合测量要求。

表 7-12　长期结果考量的信度分析结果一（试测）

题号	CITC	删除题项后的 Cronbach's α
Q4-1	0.396	0.724
Q4-2	0.548	0.689
Q4-3	0.409	0.722
Q4-4	0.494	0.702
Q4-5	0.542	0.690
Q4-6	0.547	0.689
Q4-7	0.301	0.740

表 7-13　长期结果考量的探索性因子分析结果一（试测）

题号	因子载荷
Q4-1	0.582
Q4-2	0.714
Q4-3	0.568
Q4-4	0.656
Q4-5	0.715
Q4-6	0.740
Q4-7	0.407
KMO	0.749
Bartlett 球形检验	187.459
特征值	2.811
解释方差变异/%	40.151
sig.	0.000

从表 7-13 可知，长期结果考量的 KMO 值为 0.749，Bartlett 球形检验卡方值为 187.459，在 0.000 水平上显著，表明适合做因子分析。主成分因子分析法抽取出一个特征值大于 1 的因子，其特征值为 2.811；该因子解释方差变异比例为 40.151%，7 个题项的因子载荷均大于 0.40。因此，上述分析结果表明，长期结果考量量表的效度符合测量要求。

5. 共情信度、效度的分析结果

共情的初始量表的 CITC 值、Cronbach's α 系数，以及探索性因子分析的计算结果如表 7-14 和表 7-15 所示。由表 7-14 可知，7 个测量题项的 CITC 值都高于 0.30，删除任何一项题项都不会提高量表的 Cronbach's α 系数，此外，整个量表的内部一致性系数 Cronbach's α 为 0.766。以上分析结果表明，就信度而言，该量表符合测量要求。

表 7-14　共情的信度分析结果一（试测）

题号	CITC	删除题项后的 Cronbach's α
Q5-1	0.428	0.751
Q5-2	0.589	0.719
Q5-3	0.581	0.716
Q5-4	0.397	0.754
Q5-5	0.566	0.720
Q5-6	0.415	0.752
Q5-7	0.445	0.746

表 7-15　共情的探索性因子分析结果一（试测）

题号	因子载荷
Q5-1	0.587
Q5-2	0.755
Q5-3	0.742
Q5-4	0.556
Q5-5	0.742
Q5-6	0.549
Q5-7	0.587
KMO	0.801
Bartlett 球形检验	193.739
特征值	2.971
解释方差变异/%	42.445
sig.	0.000

由表 7-15 可知，共情的 KMO 值为 0.801，Bartlett 球形检验卡方值为 193.739，在 0.000 水平上显著，表明适合做因子分析。主成分因子分析法抽取出一个特征值大于 1 的因子，其值为 2.971；该因子解释方差变异比例为 42.445%，7 个题项在各自因子上的载荷均大于 0.50，且不存在跨因子载荷题项。以上分析结果表明，就效度而言，该量表符合测量要求。

综上所述，试测问卷的统计分析结果表明，亲社会性违规行为、伦理型领导、心理授权、长期结果考量和共情的测量量表都具有良好的信度水平，CITC 值和 Cronbach's α 都能够满足临界标准的要求，不需要删除任何一个题项。探索性因子分析的结果同样符合测量要求，测量量表的 KMO 值都大于 0.70，每个测量题项的因子载荷都大于 0.40，而且不存在交叉载荷问题。鉴于此，在大规模正式调研过程中，可以使用试测问卷中的测量量表，无须删除、增加或修正任何一个测量题项。

第六节　假设检验与结果

一、数据收集、处理及概况

（一）数据收集

问卷发放通过三种途径进行：第一种是作者本人现场发放纸质调查问卷；第

二种是通过朋友或熟人（人力资源部门主管等）现场发放纸质调查问卷；第三种是委托朋友或熟人发放电子调查问卷。为了保证问卷的回收率和回答的可靠性，进行了较为充分的前期准备，并在发放和回收问卷过程中采取了保障措施。首先，在编写问卷的过程中，为了降低填答者的顾虑，增进双方的信任感，在问卷开篇对保密性进行了承诺，并详细介绍了填答方法和注意事项；其次，在问卷发放过程中，针对不同的发放形式，采用了不同的应对策略。

在发放和收集纸质调查问卷的过程中，非常重视与填答者的沟通交流，向他们反复强调调研的目的及用途，并保证决不会泄露他们的私人信息，以这些方法试图获取最大程度的信任。在作者发放纸质调查问卷的过程中，首先争取调研企业的高管人员的支持，由高管人员委派专人与作者一起发放调查问卷。在员工填写问卷的过程中，再次强调此次调查的科学研究目的，向他们做出保密承诺，并详细解答他们对问卷提出的各种疑问。当问卷委托朋友或熟人发放时，首先在发放问卷之前，向委托人说明问卷发放和回收的流程及注意事项，例如，要求他们在发放问卷时，强调此次调查的学术性质，不涉及员工个人利益，并将对调查结果严格保密。此外，所有的纸质问卷在填答完毕之后，立即装入专门信封中并封存，然后递交给发放者。通过这种方式向调查对象传递相关信息，以期减少他们对个人信息遭到泄露的顾虑。对于通过电子邮件发放的问卷，由收件人在线填写，然后直接回复至研究者的个人邮箱，以尽量减少问卷的流经环节，缓解被试的顾虑。2013年8月底～2013年11月中旬，在上海、南京、合肥、杭州四地的多家企事业单位进行了正式问卷调查，调查问卷的具体内容见附录一：伦理型领导与员工正向偏离行为关系调查问卷。此次调查总计发放调查问卷650份，回收526份。

（二）数据处理

问卷发放和回收结束之后，对所有问卷按照相关规则进行筛选，将不合格的问卷予以剔除。筛选的标准如下：第一，回答不完整，漏填题项较多；第二，问卷答案显示出较为明显的规律性，如全部或大量的题项都选择同一个选项；第三，问卷中设置了一些反向题项，正向题项与反向题项的答案自相矛盾。若一份问卷中没有出现上述三种问题，则视为有效问卷，可以予以保留。本次问卷调查共计删除无效问卷128份，保留398份（$n=398$），问卷有效回收率为61.23%。

经过初步筛选之后，将合格问卷中的数据输入统计软件中，进一步加以处理。在对数据进行正式检验之前，为了确保分析结果的信度和效度，需要检验样本数据是否符合测量要求，即考察数据是否遵循正态分布，是否存在非系统性偏差。此外还需要对缺失数据进行处理。在问卷调查过程中，遗漏是一种相当普遍的现象，本书采取了一些措施来尽量避免漏填情况的发生。例如，在填答问卷过程中提醒填答者不要漏答，要求他们在结束答题之后检查是否存在漏填项等。在录入数据的过程中，将缺失值过多的问卷予以作废，标准是累计漏填项不得超过问卷题项总数的 10%。实施以上处理措施之后，对仍然存在遗漏值的样本，再采用 SPSS22.0 统计软件做出进一步处理。对于遗漏数据，常见的处理方式有两种：第一种是删除法，即把发生遗漏现象的样本全部删除，仅保留数据完整的样本；第二种是取代法，即利用不同的插补原则或估计方法，将遗漏数据置换成有效数据，继续进行后续分析（卢文岱，2010）。由于删除法会导致样本量减少、放弃有效资源以及降低统计效力等问题，所以本书采用取代法处理缺失项。SPSS22.0 统计软件提供了五种补漏数据的方法：①以序列的算术平均值替代；②以遗漏值临近点的算术平均值替代；③以遗漏值临近点的中位数替代；④根据遗漏值前后的两个观测值进行线性插值（linear interpolation）法估计和替代；⑤运用线性回归法进行估计和替代。本书选择第一种方法替代遗漏值。

（三）数据概况

采取性别、年龄、学历、任职年限、职位等人口统计学指标对此次调查的有效样本进行统计描述，具体情况如表 7-16 所示。

表 7-16　样本描述性统计一

控制变量	统计内容	频次/人	百分比/%	累计百分比/%
性别	男	224	57.3	57.3
	女	167	42.7	100
年龄	26~35 岁	221	55.9	55.9
	25 岁及以下	89	22.5	78.4
	36~45 岁	66	16.7	95.1
	46 岁及以上	19	4.9	100
学历	大专/本科	294	74.8	74.8
	研究生及以上	46	11.7	86.5
	高中/中专	27	6.9	93.4
	高中以下	26	6.6	100
任职年限	1~6 年	255	65.2	65.2
	6~12 年	54	13.8	79.0
	12 年及以上	42	10.7	89.7
	0~1 年	40	10.3	100

续表

控制变量	统计内容	频次/人	百分比/%	累计百分比/%
职位	一般员工	240	62.7	62.7
	基层管理者	77	20.1	82.8
	中层管理者	38	9.9	92.7
	高层管理者	28	7.3	100
工作部门	生产	113	29.5	29.5
	行政人事	75	19.6	67.1
	研发	69	18.0	47.5
	其他	65	17.0	84.1
	销售和市场	34	8.9	93.0
	财务	27	7.0	100
企业性质	民营企业	216	56.4	56.4
	国有企业	102	26.6	83.0
	其他	27	7.0	90.0
	合资企业	21	5.5	95.5
	外资企业	17	4.5	100

1. 性别

从性别构成来看，除缺省样本以外，在总体样本中男性 224 人，约占 57.3%，女性 167 人，约占 42.7%。男性样本的人数多于女性，然而两者的数量相差不大，样本的性别构成较为均衡。

2. 年龄

从年龄分布来看，除缺省样本以外，26～35 岁年龄段的人数最多，共计 221 人，约占总体样本的 55.9%。其次是 25 岁及以下的样本，共计 89 人，约占 22.5%。再次是 36～45 岁年龄段的样本，共计 66 人，约占 16.7%。46 岁及以上的样本人数相对较少，总计 19 人，仅占 4.9%。

3. 学历

从学历水平来看，除缺省样本之外，绝大多数样本都是大专或本科毕业，共计 294 人，约占样本总量的 74.8%。其次是研究生及以上学历的样本，共计 46 人，约占样本总量的 11.7%。高中或中专毕业的样本人数与高中以下学历的样本人数基本持平，所占比例均偏低。

4. 任职年限

从任职年限来看，在样本总体中，任职年限在 1～6 年的人数最多，共计 255 人，约占样本总量的 65.2%，其次是任职年限在 6～12 年的，有 54 人，约占样本总量的 13.8%，任职年限在 12 年及以上和 0～1 年的样本数量大致相当，各为 42 人和 40 人，分别占据样本总量的 10.7% 和 10.3%。根据以上统计数据，约 65.2% 样本的任职年限都在 1～6 年，工作时间在 6 年以上的样本数量不到 1/4，这说明参与调研的企业员工流动性较大。另外，根据学历统计数据，绝大多数参与调研员工的学历都在专科、本科及以上程度，良好的学历背景为职业流动创造了必要的个人条件。

5. 职位

从职位的分布来看，绝大部分样本是一般员工，共有 240 人，约占样本总量的 62.7%，其次是基层管理者有 77 人，约占 20.1%。中层管理者与高层管理者人数较少，其中，中层管理者有 38 人，约占 9.9%，高层管理者有 28 人，仅占 7.3%。

6. 工作部门

从工作部门的分布来看，样本所在的工作部门比较分散。其中，生产部门样本人数最多，总计 113 人，约占 29.5%，其次是行政人事部门，样本人数为 75 人，约占 19.6%，接着是研发部门，样本人数为 69 人，约占 18.0%。销售和市场部门、财务部门的样本人数相对较少，分别为 34 人和 27 人，所占比例分别约为 8.9% 和 7.0%。

7. 企业性质

从企业性质来看，约 56.4% 的样本来自民营企业，总计 216 人，约占样本总量的 56.4%，其次是来自国有企业的样本，共有 102 人，约占 26.6%，合资企业和外资企业的样本数量相对较少，分别为 21 人和 17 人，所占比例分别约为 5.5% 和 4.5%。

二、量表的信度、效度分析

对试测数据的分析表明，采用的测量量表具有良好的信度和效度。在利用大样本调查数据对变量之间的相互关系展开分析之前，基于规范性和严谨性的要求，利用大样本调查数据，对亲社会性违规行为、伦理型领导、心理授权、长期结果考量和共情五个构念的量表再次进行信度和效度检验，以进一步确认量表是否符合测量要求。

（一）信度分析

测量量表的信度越高，表明测量结果受随机误差的影响越小，真实分数在测量分数中所占的比例越大，测量结果的一致性、稳定性和可靠性越好。此外，量表信度还直接影响量表效度，当量表缺乏信度时，会降低量表的构念效度（陈晓萍等，2012）。信度的测量方式主要有三种。第一种，由被试同时填答两份量表，这两份量表等效但不完全一致。两份问卷的测量结果之间的相关系数越高，表明该量表的信度系数越高。第二种，使用同一份问卷，在两个不同的时间点，由相同的被试进行填答。两次测量结果的相关系数越高，表明该量表的信度越好，这种信度称为重测信度。第三种，采用同一份问卷，对被试进行一次测试，然后计算量表的内部一致性，即测量指标之间的同质性。常见的评价方式有三种：①折半信度，是将测量题项分为数目相等的两半，然后计算这两组题项的相关系数，由此判断信度系数的高低；②库里信度，是一种针对是非选择题型的信度计算方式，很少使用；③Cronbach's α 系数，是最常用的信度评价指标，是一种基于方差分析的信度计算方法。

本书根据 Cronbach's α 系数评估测量量表的信度。一般认为，Cronbach's α 值在 0.80～0.90 时，表明信度非常好；Cronbach's α 值在 0.70～0.80 时，表明信度良好；Cronbach's α 值在 0.35～0.70 时，表明信度尚可接受；Cronbach's α 值小于 0.35 时，表明信度较低（荣泰生，2010）。值得注意的是，内部一致性系数并非越高越好。过高的内部一致性系数可能意味着，测量题项过分集中于描述构念某个方面的内容，而忽略了其他方面，这反而会损害量表的内容完整性（陈晓萍等，2012）。

表 7-17 是对亲社会性违规行为、伦理型领导、心理授权和长期结果考量等变量量表的信度分析的结果汇总。从表 7-17 中可以发现，亲社会性违规行为量表的 Cronbach's α 系数为 0.931，其中，提高效率维度的 Cronbach's α 系数为 0.840，帮助同事维度的 Cronbach's α 系数为 0.900，服务顾客维度的 Cronbach's α 系数为 0.892。心理授权量表的 Cronbach's α 系数为 0.864，其中，工作意义维度的 Cronbach's α 系数为 0.851，自我决定维度的 Cronbach's α 系数为 0.843，自我效能维度的 Cronbach's α 系数为 0.846，工作影响维度的 Cronbach's α 系数为 0.867。伦理型领导量表的 Cronbach's α 系数为 0.943，长期结果考量量表的 Cronbach's α 系数为 0.766，共情量表的 Cronbach's α 系数为 0.780。所有量表的 Cronbach's α 信度指标都超过了 0.70 的临界值水平，除长期结果考量和共情的量表之外，其他量表的 Cronbach's α 系数均在 0.80 以上，

包括亲社会性违规行为的三个维度的分量表，以及心理授权的四个维度的分量表。以上结果表明，就量表信度来说，所有的变量量表都具有良好的内部一致性，符合测量要求。

表 7-17　信度分析结果一

构念	维度	Cronbach's α	
		构念	维度
亲社会性违规行为	提高效率	0.931	0.840
	帮助同事		0.900
	服务顾客		0.892
伦理型领导	—	0.943	—
心理授权	工作意义	0.864	0.851
	自我决定		0.843
	自我效能		0.846
	工作影响		0.867
长期结果考量	—	0.766	—
共情	—	0.780	—

（二）效度分析

构念效度反映的是理论构念与测量量表之间的一致性程度。已有研究指出，导致构念效度偏低的原因可以分为三种：一是构念本身的操作性定义不理想；二是测量内容没有充分地反映目标构念；三是测量量表的信度不理想。使用成熟量表进行测量时，需要对量表的聚合效度和区分效度再次进行分析评价。聚合效度考察的是使用不同方法测量同一构念时，所得到的测量分数之间的相关度。区分效度测量的是使用不同方法测量不同构念时，所观测到的测量分数之间的区分度（陈晓萍等，2012）。两种方法可以用来检验量表的聚合效度和区分效度：第一种方法是多特质-多方法（multi-traits multi-methods，MTMM）模式，该方法对研究设计的要求较高，过程较为复杂，一般适用于开发新量表阶段，而不适用于运用成熟量表进行测量阶段；第二种方法是采用结构方程建模技术，通过验证性因子分析法，来检验聚合效度和区分效度，该方法较为严谨可靠，使用成熟量表测量时一般都采用此方法，故本书使用这种方法进行效度分析。

1. 结构方程模型拟合度的判断指标及标准

运用结构方程建模技术，通过验证性因子分析法检验量表的聚合效度和区分效度时，根据相关拟合指数的优劣情况判断样本数据与研究模型的拟合程度。较为常见的拟合指数如下。①卡方和自由度的比值（χ^2/df）：一般来说，χ^2 值越小，测量模型与观测数据相匹配的可能性越大，如果 χ^2 值为 0，表示两者的适配程度近乎完美。由于 χ^2 值受样本规模大小的影响很大，于是统计学家引入 χ^2/df 的判断指标。χ^2/df 的临界判定值，一般以小于 2 或 3 作为可接受的标志，然而也有研究者认为只要不超过 5 即可（侯杰泰等，2004）。②近似误差均方根（root mean square error of approximation，RMSEA）：该指标受样本规模的影响较少，是一个较为优秀的拟合指数；一般来说，RMSEA 等于或小于 0.05 时，表示假设模型拟合程度良好；RMSEA 在 0.05～0.08 时，表示拟合程度可以接受；RMSEA 在 0.08～0.10 时，表示拟合程度一般；RMSEA 超过 0.10 时，则表示模型与数据拟合度较差（陈晓萍等，2012；侯杰泰等，2004）。③规范拟合指数（normed fit index，NFI）、修正拟合指数（incremental fit index，IFI）和比较拟合指数（comparative fit index，CFI）是一组经常使用的拟合指数，其中，NFI 是一种相对拟合指数，由于容易受到样本规模大小和自由度的影响，统计学家将 IFI 设定为该指数的修正指数；CFI 是一个对比基准模型和假设模型的卡方值大小的拟合指标。NFI、IFI 和 CFI 的取值都在 0～1，数值越大代表拟合程度越好，一般超过 0.9 即说明模型拟合程度良好。④拟合优度指数（goodness-of-fit index，GFI）和调整拟合优度指数（adjusted goodness-of-fit index，AGFI）是另一组常见的拟合指数，GFI 和 AGFI 的取值范围都在 0～1；GFI 易受样本规模的影响，AGFI 是其指数修正。GFI 和 AGFI 取值越大表明拟合程度越好，一般而言，GFI 和 AGFI 大于 0.9，说明模型拟合度良好；GFI 和 AGFI 取值在 0.80～0.89，表示拟合程度可以接受。

2. 聚合效度分析

利用大规模问卷调查收集的数据，运用结构方程建模技术，并采取验证性因子分析方法，对亲社会性违规行为、伦理型领导、心理授权、长期结果考量和共情的量表进行聚合效度检验，分析结果如下。

（1）亲社会性违规行为的聚合效度

亲社会性违规行为的测量题项的聚合效度检验结果如表 7-18 所示。亲社会性违规行为的测量模型的卡方和自由度的比值（$\chi^2/df=3.336$）小于 5，可以接受。AGFI 低于 0.90 但是高于 0.80，GFI、NFI、IFI 和 CFI 均大于 0.90，表明拟合程度良好。此外，RMSEA 小于 0.08，可以接受。以上分析结果表明，亲社会性违规行为测量模型的拟合优度指标都超过了临界标准。此外，各个维度与对应题项之间的标准化因子载荷（R）都在 0.001 水平下显著，且都高于 0.50 的临界值水平。亲社会性违规行为构念的平均化变异量抽取值（average variance extracted，AVE）是 0.6110，提高效率、帮助同事、服务顾客三个维度的平均化变异量抽取值分别为 0.5000、0.6786 和 0.6821，构念和维度的平均化变异量抽取值都超过了 0.50 的临界标准。综上所述，亲社会性违规行为的测量题项的聚合效度符合测量要求。

表 7-18　亲社会性违规行为的聚合效度分析结果一

维度	题号	标准化因子载荷	平均化变异量抽取值	
			维度	构念
提高效率	Q1-1	0.658		
	Q1-2	0.675		
	Q1-3	0.776	0.5000	
	Q1-4	0.761		
	Q1-5	0.656		
帮助同事	Q1-6	0.729		0.6110
	Q1-7	0.853	0.6786	
	Q1-8	0.882		
	Q1-9	0.823		
服务顾客	Q1-10	0.839		
	Q1-11	0.879	0.6821	
	Q1-12	0.868		
	Q1-13	0.706		
拟合优度指标	χ^2/df=3.336，GFI=0.929，AGFI=0.889，NFI=0.945，IFI=0.961，CFI=0.961，RMSEA=0.077			

（2）伦理型领导的聚合效度

伦理型领导的测量题项的聚合效度检验结果如表 7-19 所示。伦理型领导构念的测量模型的卡方和自由度的比值（χ^2/df=3.366）小于 5，可以接受。GFI、AGFI、NFI、IFI 和 CFI 均大于 0.90，表明拟合程度良好。此外，RMSEA 低于临界值 0.08，可以接受。以上分析结果表明，伦理型领导构念的测量模型的各项拟合优度指标都符合测量标准。此外，各个题项的标准化因子载荷均在 0.001 水平下显著，并且都超过了 0.50 的临界值水平。伦理型领导的平均化变异量抽取值为 0.6126，高于临界值 0.50。综上所述，伦理型领导的测量题项的聚合效度符合测量要求。

表 7-19　伦理型领导的聚合效度分析结果

题号	标准化因子载荷	平均化变异量抽取值
Q2-1	0.785	
Q2-2	0.641	
Q2-3	0.795	
Q2-4	0.881	
Q2-5	0.885	0.6126
Q2-6	0.918	
Q2-7	0.783	
Q2-8	0.686	
Q2-9	0.722	
Q2-10	0.678	
拟合优度指标	$\chi^2/df=3.366$，GFI=0.954，AGFI=0.912，NFI=0.970，IFI=0.979，CFI=0.978，RMSEA=0.077	

（3）心理授权的聚合效度

心理授权的测量题项的聚合效度检验结果如表 7-20 所示。心理授权的测量模型的卡方和自由度的比值（$\chi^2/df=3.551$）小于 5，可以接受。除了 AGFI 小于 0.90，但是大于 0.80，GFI、NFI、IFI 和 CFI 均大于 0.90，表明拟合程度良好。此外 RMSEA 等于 0.080，可以接受。以上分析结果表明，心理授权的测量模型的拟合优度指标都超过了临界标准。此外，各个维度与对应题项之间的标准化因子载荷都在 0.001 水平下显著，且都高于 0.50 的临界值水平。心理授权的平均化变异量抽取值是 0.6548，工作意义、自我决定、自我效能和工作影响四个维度的平均化变异量抽取值分别为 0.6335、0.6646、0.6288 和 0.6923，构念和维度的平均化变异量抽取值都超过了 0.50 的临界标准。综上所述，心理授权的测量题项的聚合效度符合测量要求。

表 7-20　心理授权的聚合效度分析结果

维度	题号	标准化因子载荷	平均化变异量抽取值（维度）	平均化变异量抽取值（构念）
工作意义	Q3-1	0.812		
	Q3-2	0.832	0.6335	
	Q3-3	0.741		0.6548
自我决定	Q3-4	0.694		
	Q3-5	0.817	0.6646	
	Q3-6	0.919		

维度	题号	标准化因子载荷	平均化变异量抽取值	
			维度	构念
自我效能	Q3-7	0.774		
	Q3-8	0.847	0.6288	
	Q3-9	0.755		0.6548
工作影响	Q3-10	0.796		
	Q3-11	0.855	0.6923	
	Q3-12	0.844		
拟合优度指标	χ^2/df=3.551, GFI=0.941, AGFI=0.895, NFI=0.941, IFI=0.957, CFI=0.957, RMSEA=0.080			

（4）长期结果考量的聚合效度

长期结果考量的测量题项的聚合效度检验结果如表 7-21 所示。长期结果考量的测量模型的卡方和自由度的比值（χ^2/df=3.305）小于 5，可以接受。GFI、AGFI、NFI、IFI 和 CFI 均大于 0.90，表明拟合程度良好。此外，RMSEA 小于 0.08，可以接受。以上分析结果表明，长期结果考量构念的测量模型的各项拟合优度指标都符合测量标准。此外，各个题项的标准化因子载荷均在 0.001 水平下显著。长期结果考量的平均化变异量抽取值为 0.5007，高于临界值 0.50。综上所述，长期结果考量的测量题项的聚合效度符合测量要求。

表 7-21 长期结果考量的聚合效度分析结果一

题号	标准化因子载荷	平均化变异量抽取值
Q4-1	0.681	
Q4-2	0.733	
Q4-3	0.650	
Q4-4	0.749	0.5007
Q4-5	0.816	
Q4-6	0.784	
Q4-7	0.490	
拟合优度指标	χ^2/df=3.305, GFI=0.971, AGFI=0.938, NFI=0.938, IFI=0.956, CFI=0.955, RMSEA=0.076	

（5）共情的聚合效度

共情的测量题项的聚合效度检验结果如表 7-22 所示。共情的测量模型的卡方和自由度的比值（χ^2/df=3.331）小于 5，可以接受。GFI、AGFI、NFI、IFI 和 CFI 均大于 0.90，表明拟合程度良好。此外，RMSEA 低于 0.08 的临界值水平。以上分析结果表明，共情的测量模型的各项拟合优度指标都符合测量标准。此外，各个题项的标准化因子载荷均在 0.001 水平下显著，并且都高于 0.50 的临界值水平。共情的平均化变异量抽取值为 0.5475，高于临界值 0.50。综上所述，共情的测量题项的聚合效度符合测量要求。

表 7-22　共情的聚合效度分析结果一

题号	标准化因子载荷	平均化变异量抽取值
Q5-1	0.695	
Q5-2	0.848	
Q5-3	0.776	
Q5-4	0.682	0.5475
Q5-5	0.874	
Q5-6	0.625	
Q5-7	0.639	
拟合优度指标	χ^2/df=3.331, GFI=0.975, AGFI=0.937, NFI=0.948, IFI=0.963, CFI=0.962, RMSEA=0.077	

3. 区分效度分析

运用 AMOS21.0 统计软件，结合验证性因子分析方法，对亲社会性违规行为、伦理型领导、工作意义、自我决定、自我效能、工作影响、长期结果考量和共情八个变量的区分效度进行检验。本书比较了八因子模型（亲社会性违规行为、伦理型领导、工作意义、自我决定、自我效能、工作影响、长期结果考量、共情）、五因子模型（工作意义、自我决定、自我效能、工作影响合并为一个因子）、三因子模型（工作意义、自我决定、自我效能、工作影响合并为一个因子，长期结果考量、伦理型领导和共情合并为另一个因子）、两因子模型（亲社会性违规行为、长期结果考量和共情合并为一个因子，工作意义、自我决定、自我效能、工作影响和伦理型领导合并为另一个因子）和单因子模型（所有变量合并为一个因子）五种测量模型的拟合情况，分析结果如表 7-23 所示。

表 7-23　伦理型领导等的区分效度分析结果

模型	χ^2/df	RMSEA	NFI	IFI	CFI	GFI	AGFI
单因子模型	14.181	0.182	0.284	0.299	0.296	0.416	0.330
两因子模型	6.421	0.117	0.682	0.718	0.716	0.681	0.626
三因子模型	5.136	0.102	0.747	0.786	0.785	0.735	0.688
五因子模型	3.285	0.076	0.841	0.884	0.883	0.823	0.788
八因子模型	2.863	0.068	0.868	0.910	0.909	0.849	0.810

　　从表 7-23 中可知，在五种测量模型中，八因子模型拟合程度最佳，卡方与自由度之比（$\chi^2/df=2.863$）小于 5，NFI、IFI、CFI、GFI 和 AGFI 都大于 0.80，RMSEA 值低于 0.08，表明八因子模型的拟合程度符合标准；另外，八因子模型的路径系数都在 0.60 以上，且均在 0.001 水平上显著。单因子模型、两因子模型和三因子模型的各项拟合指数都没有达到临界值水平，五因子模型的部分拟合指数虽然达到了临界水平，但是拟合程度没有八因子模型理想。另外，考虑到工作意义、自我决定、自我效能、工作影响是同一个构念的四个维度，因此，五因子模型的拟合程度较高也是符合预期的。以上分析结果表明，八因子模型较好地反映了构念的结构状况，亲社会性违规行为、伦理型领导、工作意义、自我决定、自我效能、工作影响、长期结果考量、共情八个构念之间具有良好的区分效度。

三、统计分析

（一）数据正态分布检验

　　对亲社会性违规行为、伦理型领导、心理授权、长期结果考量、共情五个变量的测量题项的均值、标准差、偏度（skewness）及峰度（kurtosis）的统计描述如表 7-24 所示。当数据服从正态分布（或严格对称分布）时，偏度等于 0，峰度等于 3。根据黄芳铭（2005）的研究，当数据偏度绝对值小于 3，并且峰度绝对值小于 10 时，表明数据基本符合正态分布，其非严格对称分布特性不会对参数估计的准确性造成显著影响。从表 7-24 中可知，各个测量题项的样本数据尽管没有遵循严格的标准正态分布，但是从总体上来看，亲社会性违规行为、伦理型领导、工作意义、自我决定、自我效能、工作影响、长期结果考量和共情的各个测量题项的偏度在 –0.782～0.770，峰度在 –0.708～1.418，满足参数估计的基本要求。

表 7-24　均值、标准差、偏度及峰度描述一

题号	均值	标准差	偏度		峰度	
	统计量	统计量	统计量	标准误	统计量	标准误
Q1-1	2.94	1.188	0.334	0.122	−0.402	0.244
Q1-2	2.55	1.112	0.770	0.122	0.692	0.244
Q1-3	2.52	1.129	0.748	0.123	0.450	0.245
Q1-4	2.84	1.147	0.248	0.122	−0.547	0.244
Q1-5	2.92	1.139	0.158	0.122	−0.474	0.244

题号	均值	标准差	偏度		峰度	
	统计量	统计量	统计量	标准误	统计量	标准误
Q1-6	2.96	1.098	0.346	0.122	0.059	0.244
Q1-7	2.79	1.045	0.291	0.122	−0.037	0.244
Q1-8	2.73	1.074	0.699	0.122	0.859	0.244
Q1-9	2.80	1.083	0.293	0.122	−0.153	0.244
Q1-10	3.03	1.136	0.273	0.123	−0.356	0.245
Q1-11	2.92	1.108	0.389	0.122	−0.108	0.244
Q1-12	2.96	1.224	0.437	0.122	−0.215	0.244
Q1-13	2.84	1.175	0.507	0.122	0.081	0.244
Q2-1	3.68	1.209	−0.121	0.122	−0.402	0.244
Q2-2	3.75	1.154	−0.220	0.122	−0.376	0.244
Q2-3	3.91	1.161	−0.299	0.122	−0.293	0.244
Q2-4	3.83	1.273	−0.342	0.122	−0.382	0.244
Q2-5	3.78	1.205	−0.332	0.122	−0.395	0.244
Q2-6	3.86	1.228	−0.227	0.122	−0.521	0.244
Q2-7	3.85	1.130	−0.153	0.122	−0.131	0.244
Q2-8	4.07	1.047	−0.400	0.123	0.791	0.245
Q2-9	3.93	1.042	−0.168	0.122	0.008	0.244
Q2-10	3.62	1.156	−0.156	0.122	−0.358	0.244
Q3-1	4.16	1.017	−0.230	0.122	0.107	0.244
Q3-2	4.07	1.098	0.039	0.122	−0.570	0.244
Q3-3	4.33	0.940	−0.055	0.123	−0.087	0.245
Q3-4	4.04	1.013	−0.105	0.122	−0.214	0.244
Q3-5	4.05	0.959	−0.361	0.123	0.738	0.245
Q3-6	3.86	1.010	0.039	0.122	−0.031	0.244
Q3-7	4.10	0.928	−0.073	0.122	0.414	0.244
Q3-8	4.36	0.877	−0.167	0.123	0.599	0.245
Q3-9	4.32	0.951	−0.134	0.122	−0.307	0.244
Q3-10	3.61	1.015	0.269	0.123	0.139	0.245
Q3-11	3.45	1.053	−0.088	0.122	0.171	0.244
Q3-12	3.38	1.066	0.107	0.122	0.152	0.244
Q4-1	3.5833	1.150	−0.150	0.123	−0.068	0.245
Q4-2	3.4548	1.098	0.070	0.122	−0.040	0.244
Q4-3	3.4224	1.143	−0.159	0.123	−0.056	0.246

续表

题号	均值	标准差	偏度		峰度	
	统计量	统计量	统计量	标准误	统计量	标准误
Q4-4	3.5505	1.255	0.179	0.123	−0.708	0.245
Q4-5	3.6096	1.233	0.055	0.122	−0.593	0.244
Q4-6	3.7179	1.262	−0.063	0.122	−0.653	0.244
Q4-7	3.3291	1.044	0.023	0.123	0.250	0.245
Q5-1	4.29	1.150	−0.554	0.122	0.271	0.244
Q5-2	4.68	0.939	−0.782	0.122	1.418	0.244
Q5-3	4.30	1.074	−0.737	0.122	0.818	0.244
Q5-4	4.52	1.053	−0.477	0.123	0.003	0.245
Q5-5	4.46	1.057	−0.728	0.122	1.046	0.244
Q5-6	3.34	1.149	0.117	0.123	0.023	0.246
Q5-7	4.09	1.122	−0.105	0.123	−0.345	0.245

注：n=398；Q1-1～Q1-13 是亲社会性违规行为的测量题项，Q2-1～Q2-10 是伦理型领导的测量题项，Q3-1～Q3-3 是工作意义的测量题项，Q3-4～Q3-6 是自我决定的测量题项，Q3-7～Q3-9 是自我效能的测量题项，Q3-10～Q3-12 是工作影响的测量题项，Q4-1～Q4-7 是长期结果考量的测量题项，Q5-1～Q5-7 是共情的测量题项。

（二）同源方差分析

同源方差是指由数据来源相同、被试相同、语境相同、测量环境相同或测量题项自身不足等问题所导致的自变量与因变量之间的虚假共变。这种共变会对变量之间的关系造成混淆，降低研究结果的真实性，是一种需要尽量避免的系统性误差（Podsakoff and Organ，1986）。本书所涉及的变量均为态度或行为倾向变量，全部由员工被试填答，可能引发同源方差问题。为了调查数据的同源方差问题的严重性程度，采用 Harman 单因子检验法进行检测。Harman 单因子检验法的基本假设是：如果数据存在比较严重的同源方差问题，那么进行因子分析时可能只析出一个解释变量变异的单独因子或者尽管析出多个公因子，但是最大公因子能够解释大部分的变量变异。如果没有出现以上两种情况，那么说明数据的同源方差问题并不严重，不会对分析结果造成显著的影响。Harman 单因子检验法的检验步骤是：首先对数据进行探索性因子分析；其次观察未旋转的因子分析结果，如果出现析出一个单独因子或者最大公因子的方差贡献率特别大的情况，那么可以判定数据存在严重的同源方差问题。

对亲社会性违规行为、伦理型领导、长期结果考量、共情及工作意义、自我决定、自我效能和工作影响四个维度进行 Harman 单因子检验，析出了 9 个特征值大于 1 的公因子，解释了总方差变异量的 71.706%，其中，解释力最大的公因子特征值为 10.770，方差贡献率是 25.643%。根据 Harman 单因子检验法的相关标准，样本数据虽然存在一些同源方差问题，然而并不十分严重，也不会对研究结果造成过度的干扰。

（三）研究变量在控制变量上的差异性分析

控制变量是除了自变量，能够使因变量发生变化的变量。如果不加以控制，那么这些变量会造成干扰，混淆自变量与因变量之间的关系。只有将这些变量加以控制，才能弄清自变量与因变量之间的相互关系。在研究过程中，不宜放入过多无关的控制变量，而是应该选择确实能够导致因变量发生变化的变量进行控制。因此，本书对控制变量进行了差异性分析，目的在于判断究竟哪些控制变量能够影响因变量的变化，并剔除不能影响因变量的控制变量，从而在提高自变量的解释效力和研究模型的可靠性的基础上，使研究模型得以简化。

控制变量一般包括两类：一类是人口统计学特征变量，如性别、学历、年龄等；另一类是组织特征变量或与组织有关的个体变量，如任职年限、职位、工作部门、企业性质等。在大规模抽样调查过程中，收集了员工的性别、学历、年龄、任职年限、职位、工作部门、企业性质的相关数据。为了识别上述变量是否影响中介变量和因变量的变化，运用 SPSS22.0 统计软件进行检验。对于不同类型的控制变量采取不同的检验方法：当控制变量是二分变量时，采用独立样本 T 检验法；当控制变量是多类别变量时，采用单因素方差分析（oneway analysis of variance）法。对于多类别控制变量，如果方差分析的 F 值显著，那么还要进一步进行事后比较，从而分析控制变量的哪些组别存在差异，哪些组别并没有差异。具体做法是：在中介变量或因变量的方差同质的情况下，采用最小显著性差异（least significant difference，LSD）法对均值进行两两比较；当方差不同质时，采用 Tamhane 法对均值进行非参数检验。

1. 关于性别的差异性分析

按照性别将员工分成男女两组，通过独立样本 T 检验法判断两组员工的亲社会性违规行为和心理授权感知是否存在显著差异。分析结果如表 7-25 所示，亲社会性违规行为通过了方差同质性检验，工作意义、自我决定、自我效能和工作影响却没有通过方差同质性检验。均值比较的结果表明，亲社会性违规行为、自我决定和工作影响在男女员工中不存在显著差异。男女员工的工作意义、自我效能存在显著差异，男性员工对工作意义和自我效能的感知水平都高于女性员工。以上分析结果表明，性别对中介变量具有显著的影响，应该作为控制变量进入研究模型中。

表 7-25 性别对亲社会性违规行为及心理授权的影响

变量	性别	n	mean	方差同质性		均值比较	
				sig.	是否齐性	sig.	是否相等
亲社会性违规行为	男	218	2.878	0.517	是	0.151	是
	女	166	2.754				
工作意义	男	223	4.278	0.032	否	0.023	否
	女	166	4.072				
自我决定	男	223	4.009	0.020	否	0.701	是
	女	165	3.976				
自我效能	男	221	4.345	0.217	否	0.019	否
	女	167	4.152				
工作影响	男	220	3.521	0.003	否	0.470	是
	女	167	3.455				

注：n 为样本数；mean 为均值；sig.为显著性。

2. 关于学历的差异性分析

根据学历的不同将样本划分为高中以下、高中/中专、大专/本科、研究生及以上四组，通过单因素方差分析法检验四组样本的亲社会性违规行为和心理授权的四个维度是否存在显著差别。分析结果如表 7-26 所示，亲社会性违规行为和自我效能通过了方差同质性检验，工作意义、自我决定和工作影响没有通过方差同质性检验。均值比较的结果是不同学历员工的自我决定和工作影响存在显著差别，而亲社会性违规行为、自我效能和工作意义并没有显著差别，这表明学历影响员工关于自我决定和工作影响的感知水平，但是并没有影响员工的亲社会性违规行为以及心理授权其他两个维度的感知水平。

表 7-26 学历对亲社会性违规行为及心理授权的影响

变量	学历	n	mean	方差同质性		均值比较	
				sig.	是否齐性	sig.	是否相等
亲社会性违规行为	高中以下	25	2.819	0.362	是	0.480	是
	高中/中专	25	2.966				
	大专/本科	290	2.830				
	研究生及以上	46	2.661				
工作意义	高中以下	26	3.987	0.033	否	0.076	是
	高中/中专	26	4.192				
	大专/本科	293	4.245				
	研究生及以上	46	3.913				

续表

变量	学历	n	mean	方差同质性		均值比较	
				sig.	是否齐性	sig.	是否相等
自我决定	高中以下	25	3.360				
	高中/中专	27	3.951				
	大专/本科	292	4.086	0.015	否	0.000	否
	研究生及以上	46	3.667				
自我效能	高中以下	26	4.423				
	高中/中专	26	4.321				
	大专/本科	292	4.285	0.070	是	0.076	是
	研究生及以上	46	3.986				
工作影响	高中以下	26	2.949				
	高中/中专	27	3.482				
	大专/本科	290	3.551	0.001	否	0.006	否
	研究生及以上	46	3.275				

不同组别员工的自我决定和工作影响都没有通过方差同质性检验，因此采用 Tamhane 法对不同组别员工的自我决定及工作影响的均值进行两两比较。高中以下、高中/中专、大专/本科、研究生及以上学历的四组员工的自我决定与工作影响的平均差异值及其显著性如表 7-27 和表 7-28 所示。

表 7-27　自我决定的平均差异值（学历）

学历	高中以下	高中/中专	大专/本科	研究生及以上
高中以下	—			
高中/中专	−0.591	—		
大专/本科	−0.7256*	−0.1350	—	
研究生及以上	−0.3067	0.2840	0.4190*	—

*$p < 0.05$。

表 7-28　工作影响的平均差异值（学历）

学历	高中以下	高中/中专	大专/本科	研究生及以上
高中以下	—			
高中/中专	−0.5906	—		
大专/本科	−0.7256*	−0.1350	—	
研究生及以上	−0.3067	0.2840	0.4190*	—

*$p < 0.05$。

由表 7-27 和表 7-28 可知，高中以下、研究生及以上员工的自我决定和工作影响与大专/本科学历的员工都存在差异。大专/本科学历的员工关于自我决定和工作影响的感知水平显著高于高中以下学历的员工，与研究生及以上学历的员工也存在差别。鉴于此，学历对自我决定和工作影响均具有显著影响，应该作为控制变量进入研究模型中。

3. 关于年龄的差异性分析

按照年龄不同将员工划分为 25 岁及以下、26~35 岁、36~45 岁、46 岁及以上四组，通过单因素方差分析法检验四组员工的亲社会性违规行为和心理授权是否存在显著差别。分析结果如表 7-29 所示，亲社会性违规行为和心理授权的四个维度都通过了方差同质性检验。均值比较的结果表明，处于不同年龄阶段员工的亲社会性违规行为和自我效能存在显著差异，而工作意义、自我决定和工作影响没有显著差异。

表 7-29 年龄对亲社会性违规行为及心理授权的影响

变量	年龄	n	mean	方差同质性		均值比较	
				sig.	是否齐性	sig.	是否相等
亲社会性违规行为	25 岁及以下	88	2.8191	0.132	是	0.008	否
	26~35 岁	218	2.9143				
	36~45 岁	63	2.6142				
	46 岁及以上	19	2.3927				
工作意义	25 岁及以下	89	4.2659	0.370	是	0.430	是
	26~35 岁	220	4.2030				
	36~45 岁	65	4.0308				
	46 岁及以上	19	4.2281				
自我决定	25 岁及以下	88	3.9773	0.977	是	0.463	是
	26~35 岁	220	4.0333				
	36~45 岁	66	3.8384				
	46 岁及以上	18	3.9630				
自我效能	25 岁及以下	88	4.0682	0.210	是	0.036	否
	26~35 岁	219	4.3303				
	36~45 岁	66	4.2424				
	46 岁及以上	19	4.5088				

续表

变量	年龄	n	mean	方差同质性		均值比较	
				sig.	是否齐性	sig.	是否相等
工作影响	25 岁及以下	87	3.4789	0.741	是	0.479	是
	26~35 岁	219	3.5008				
	36~45 岁	66	3.5152				
	46 岁及以上	19	3.1579				

对不同组别员工的亲社会性违规行为和自我效能进行两两比较，由于亲社会性违规行为和自我效能都通过了方差同质性检验，所以采用 LSD 法。不同年龄组别员工的亲社会性违规行为与自我效能的平均差异值及其显著性如表 7-30 和表 7-31 所示。

表 7-30　亲社会性违规行为的平均差异值一（年龄）

年龄	25 岁及以下	26~35 岁	36~45 岁	46 岁及以上
25 岁及以下	—			
26~35 岁	−0.0952	—		
36~45 岁	0.2049	0.3001[*]	—	
46 岁及以上	0.4263[*]	0.5215[*]	0.2215	—

$*p < 0.05$。

表 7-31　自我效能的平均差异值（年龄）

年龄	25 岁及以下	26~35 岁	36~45 岁	46 岁及以上
25 岁及以下	—			
26~35 岁	−0.2621[*]	—		
36~45 岁	−0.1742	0.0879	—	
46 岁及以上	−0.4406[*]	−0.1785	−0.2664	—

$*p < 0.05$。

如表 7-30 所示，26~35 岁员工的亲社会性违规行为与 36~45 岁、46 岁及以上员工均存在差别，26~35 岁员工比另外两个年龄段员工具有更多的亲社会性违规行为。25 岁及以下员工与 46 岁及以上员工的亲社会性违规行为也有所不同，前者要比后者更加频繁地从事亲社会性违规行为。另外，如表 7-31 所示，25 岁及以下员工与 26~35 岁员工、46 岁及以上员工的自我效能存在差别，25 岁及以下员工的自我效能感知低于另外两个年龄段的员工。根据以上分析结果，年龄应作为控制变量进入研究模型中。

4. 关于任职年限的差异性分析

按照任职年限将员工划分为 0～1 年、1～6 年、6～12 年、12 年及以上四组，通过单因素方差分析法检验任职年限是否显著影响员工的亲社会性违规行为和心理授权的四个维度。分析结果如表 7-32 所示，亲社会性违规行为和心理授权的四个维度都通过了方差同质性检验。均值比较的结果表明，任职年限没有对工作意义、自我决定和工作影响产生显著影响，却对亲社会性违规行为和自我效能具有显著影响。

表 7-32　任职年限对亲社会性违规行为及心理授权的影响

变量	任职年限	n	mean	方差同质性		均值比较	
				sig.	是否齐性	sig.	是否相等
亲社会性违规行为	0～1 年	40	2.8077	0.430	是	0.040	否
	1～6 年	249	2.9055				
	6～12 年	54	2.6026				
	12 年及以上	41	2.6398				
工作意义	0～1 年	40	4.3833	0.328	是	0.526	是
	1～6 年	255	4.1647				
	6～12 年	53	4.1447				
	12 年及以上	42	4.2222				
自我决定	0～1 年	40	3.9083	0.934	是	0.612	是
	1～6 年	253	4.0316				
	6～12 年	54	3.8827				
	12 年及以上	41	4.0244				
自我效能	0～1 年	39	4.0769	0.329	是	0.009	否
	1～6 年	253	4.2424				
	6～12 年	54	4.2284				
	12 年及以上	42	4.6349				
工作影响	0～1 年	40	3.3000	0.347	是	0.504	是
	1～6 年	251	3.5007				
	6～12 年	54	3.5864				
	12 年及以上	42	3.4603				

采用 LSD 法对不同组别员工的亲社会性违规行为和自我效能进行两两比较。0~1 年、1~6 年、6~12 年、12 年及以上四组员工的亲社会性违规行为和自我效能的平均差异值及其显著性如表 7-33 和表 7-34 所示。

表 7-33　亲社会性违规行为的平均差异值一（任职年限）

任职年限	0~1 年	1~6 年	6~12 年	12 年及以上
0~1 年	—			
1~6 年	−0.0978	—		
6~12 年	0.2051	0.3029*	—	
12 年及以上	0.1679	0.2657	−0.0372	—

*$p < 0.05$。

表 7-34　自我效能的平均差异值（任职年限）

任职年限	0~1 年	1~6 年	6~12 年	12 年及以上
0~1 年	—			
1~6 年	−0.1655	—		
6~12 年	−0.1515	0.0140	—	
12 年及以上	−0.5580*	−0.3925*	−0.4065*	—

*$p < 0.05$。

如表 7-33 所示，不同任职年限的员工在亲社会性违规行为上存在差异，任职年限在 1~6 年的员工与任职年限在 6~12 年的员工的亲社会性违规行为有所不同，前者比后者具有更多的亲社会性违规行为。此外，如表 7-34 所示，不同任职年限的员工关于自我效能的感知水平有所差别，任职年限在 12 年及以上的员工与其他三组员工的自我效能感知程度都不同。根据上述分析结果，任职年限应该作为控制变量进入研究模型中。

5. 关于职位的差异性分析

根据员工所居职位将其划分为一般员工、基层管理者、中层管理者、高层管理者四组，通过单因素方差分析法检验以上四组员工的亲社会性违规行为和心理授权的四个维度是否存在显著差别。分析结果如表 7-35 所示，亲社会性违规行为、工作意义和工作影响都没有通过方差同质性检验，自我决定和自我效能通过了检验。均值比较的结果表明，除了工作意义，亲社会性违规行为、工作影响、自我决定和自我效能都受到员工职位高低的影响。

表 7-35　职位对亲社会性违规行为及心理授权的影响

变量	职位	n	mean	方差同质性		均值比较	
				sig.	是否齐性	sig.	是否相等
亲社会性违规行为	一般员工	235	2.8350	0.039	否	0.000	否
	基层管理者	75	2.7764				
	中层管理者	38	3.1154				
	高层管理者	28	2.2060				
工作意义	一般员工	239	4.2441	0.000	否	0.113	是
	基层管理者	77	4.2078				
	中层管理者	37	4.2252				
	高层管理者	28	3.8095				
自我决定	一般员工	237	3.9986	0.055	是	0.010	否
	基层管理者	77	4.0952				
	中层管理者	38	4.0877				
	高层管理者	28	3.4881				
自我效能	一般员工	238	4.3445	0.741	是	0.000	否
	基层管理者	76	4.2061				
	中层管理者	38	4.3333				
	高层管理者	28	3.6786				
工作影响	一般员工	237	3.3615	0.002	否	0.003	否
	基层管理者	76	3.6447				
	中层管理者	38	3.8947				
	高层管理者	28	3.5357				

对不同组别员工的亲社会性违规行为、工作影响、自我决定和自我效能进行两两比较，根据各个变量的方差是否同质，采取不同的检验方法。亲社会性违规行为和工作影响采用 Tamhane 法，自我决定和自我效能则采用 LSD 法，分析结果如表 7-36～表 7-39 所示。

表 7-36　亲社会性违规行为的平均差异值（职位）

职位	一般员工	基层管理者	中层管理者	高层管理者
一般员工	—			
基层管理者	0.0586	—		
中层管理者	−0.2804	−0.3390	—	
高层管理者	0.6290*	0.5704*	0.9093*	—

*$p < 0.05$。

表 7-37　工作影响的平均差异值（职位）

职位	一般员工	基层管理者	中层管理者	高层管理者
一般员工	—			
基层管理者	−0.2833	—		
中层管理者	−0.5333*	−0.2500	—	
高层管理者	−0.1743	0.1090	0.3590	—

*$p < 0.05$。

表 7-38　自我决定的平均差异值（职位）

职位	一般员工	基层管理者	中层管理者	高层管理者
一般员工	—			
基层管理者	−0.0966	—		
中层管理者	−0.0891	0.0075	—	
高层管理者	0.5105*	0.6071*	0.5996*	—

*$p < 0.05$。

表 7-39　自我效能的平均差异值（职位）

职位	一般员工	基层管理者	中层管理者	高层管理者
一般员工	—			
基层管理者	0.1384	—		
中层管理者	0.0112	−0.1272	—	
高层管理者	0.6660*	0.5276*	0.6548*	—

*$p < 0.05$。

从表 7-36 中可知，不同职位员工的亲社会性违规行为具有显著差异性，例如，高层管理者与基层管理者、中层管理者、一般员工之间的亲社会性违规行为均存在显著差异，这说明职位高低会影响员工的亲社会性违规行为。

从表 7-37 中可知，不同职位员工的工作影响具有显著差异性，例如，中层管理者与一般员工对于工作影响的感知水平均存在显著差异，这说明职位高低对员工的工作影响感知程度产生了影响。

从表 7-38 中可知，不同职位员工的自我决定具有显著差异性，例如，高层管理者与中层管理者、基层管理者、一般员工之间的自我决定均存在显著差异，这说明职位高低对员工的自我决定产生了影响。

从表 7-39 中可知，不同职位员工的自我效能具有显著差异性，例如，高层管理者同其他级别的管理者及员工之间的自我效能均存在显著差异，这说明职位高低对员工的自我效能产生了影响。综合上述分析结果，职位应该作为控制变量进入研究模型中。

6. 关于工作部门的差异性分析

将来自不同工作部门的员工划分为生产、行政人事、销售和市场、财务、研发、其他六个小组，通过单因素方差分析法检验不同部门员工的亲社会性违规行为和心理授权的四个维度是否存在显著差异。分析结果如表 7-40 所示，亲社会性违规行为、自我决定和自我效能通过了方差同质性检验，工作影响和工作意义没有通过检验。均值比较的结果表明，来自组织不同部门的员工，在亲社会性违规行为和自我效能方面具有显著差异，在心理授权的其他三个维度方面没有显著区别。

表 7-40　工作部门对亲社会性违规行为及心理授权的影响

变量	部门	n	mean	方差同质性		均值比较	
				sig.	是否齐性	sig.	是否相等
亲社会性违规行为	生产	110	2.9112	0.063	是	0.001	否
	行政人事	67	2.6269				
	销售和市场	34	3.3122				
	财务	27	2.9858				
	研发	74	2.6892				
	其他	64	2.7344				
工作意义	生产	113	4.1711	0.018	否	0.269	是
	行政人事	69	4.0966				
	销售和市场	33	4.1212				
	财务	27	3.9506				
	研发	75	4.3822				
	其他	64	4.2083				
自我决定	生产	111	3.8859	0.190	是	0.200	是
	行政人事	69	3.8068				
	销售和市场	34	4.0196				
	财务	27	4.0741				
	研发	75	4.1333				
	其他	64	4.0625				

续表

变量	部门	n	mean	方差同质性		均值比较	
				sig.	是否齐性	sig.	是否相等
自我效能	生产	110	4.3576	0.470	是	0.002	否
	行政人事	69	3.9227				
	销售和市场	34	4.0588				
	财务	27	4.3704				
	研发	75	4.3378				
	其他	65	4.3949				
工作影响	生产	113	3.4602	0.000	否	0.897	是
	行政人事	65	3.4667				
	销售和市场	34	3.5882				
	财务	27	3.6296				
	研发	75	3.4444				
	其他	65	3.4205				

　　对不同组别员工的亲社会性违规行为和自我效能进行两两比较,由于亲社会性违规行为和自我效能的方差都是齐性的,所以均采用 LSD 法进行比较。对生产、行政人事、销售和市场、财务、研发、其他等不同部门员工的亲社会性违规行为、自我效能的检验结果如表 7-41 和表 7-42 所示。

表 7-41 　亲社会性违规行为的平均差异值一(工作部门)

工作部门	生产	行政人事	销售和市场	财务	研发	其他
生产	—					
行政人事	0.2843*	—				
销售和市场	−0.4010*	−0.6854*	—			
财务	−0.0746	−0.3589	0.3265	—		
研发	0.2220	−0.0623	0.6230*	0.2966	—	
其他	0.1768	−0.1075	0.5778*	0.2514	−0.0452	—

* $p < 0.05$。

表 7-42 　自我效能的平均差异值(工作部门)

工作部门	生产	行政人事	销售和市场	财务	研发	其他
生产	—					
行政人事	0.4349*	—				
销售和市场	0.2988	−0.1361	—			

续表

工作部门	生产	行政人事	销售和市场	财务	研发	其他
财务	−0.0128	−0.4477*	−0.3116	—		
研发	0.0198	−0.4151*	−0.2770	0.0326	—	
其他	−0.0373	−0.4722*	−0.3361*	−0.0245	−0.0571	—

* $p < 0.05$。

　　结果表明，来自不同部门的员工具有不同程度的亲社会性违规行为，生产部门员工的亲社会性违规行为多于行政人事部门，少于销售和市场部门；销售和市场部门员工的亲社会性违规行为多于研发部门。另外，来自不同部门的员工对于自我效能的感知水平不同，行政人事部门员工与生产、财务、研发等部门员工的自我效能感知都有显著差别。根据以上分析结果，工作部门应该作为控制变量进入研究模型中。

7. 关于企业性质的差异性分析

　　根据不同的企业性质，将员工划分为国有企业员工、民营企业员工、合资企业员工、外资企业员工、其他企业员工五组，通过单因素方差分析法检验企业性质是否显著影响亲社会性违规行为和心理授权的四个维度。分析结果如表7-43所示，亲社会性违规行为、工作意义、自我效能都通过了方差同质性检验，工作影响、自我决定没有通过方差同质性检验。均值比较的结果表明，来自不同性质企业的员工对于工作意义和工作影响的感知水平没有显著差异，却表现出不同程度的亲社会性违规行为，以及自我效能和自我决定感知水平。

表7-43　企业性质对亲社会性违规行为及心理授权的影响

变量	企业性质	n	mean	方差同质性		均值比较	
				sig.	是否齐性	sig.	是否相等
亲社会性违规行为	国有企业	100	2.7569	0.150	是	0.005	否
	民营企业	212	2.8777				
	合资企业	21	2.2418				
	外资企业	17	3.1674				
	其他	26	2.7692				
工作意义	国有企业	102	4.2778	0.340	是	0.651	是
	民营企业	214	4.1869				
	合资企业	21	3.9841				
	外资企业	17	4.0980				
	其他	27	4.1111				

续表

变量	企业性质	n	mean	方差同质性		均值比较	
				sig.	是否齐性	sig.	是否相等
自我决定	国有企业	101	3.9835				
	民营企业	214	4.0016				
	合资企业	21	3.4921	0.025	否	0.037	否
	外资企业	17	4.3725				
	其他	27	4.0494				
自我效能	国有企业	102	4.2255				
	民营企业	214	4.2726				
	合资企业	21	3.7778	0.146	是	0.003	否
	外资企业	17	4.3725				
	其他	27	4.7037				
工作影响	国有企业	98	3.6224				
	民营企业	216	3.4244				
	合资企业	21	3.3333	0.001	否	0.425	是
	外资企业	17	3.5882				
	其他	27	3.4444				

对不同组别员工的亲社会性违规行为、自我决定、自我效能进行两两比较，由于亲社会性违规行为和自我效能的方差是齐性的，所以采用 LSD 法，而自我决定的方差不是齐性的，应该采用 Tamhane 法。表 7-44～表 7-46 描述的是检验结果。

表 7-44　亲社会性违规行为的平均差异值一（企业性质）

企业性质	国有企业	民营企业	合资企业	外资企业	其他
国有企业	—				
民营企业	−0.1208	—			
合资企业	0.5152*	0.6360*	—		
外资企业	−0.4105	−0.2900	−0.9257*	—	
其他	−0.0123	0.1085	−0.5275*	0.3982	—

* $p < 0.05$。

表 7-45　自我决定的平均差异值（企业性质）

企业性质	国有企业	民营企业	合资企业	外资企业	其他
国有企业	—				
民营企业	−0.0181	—			
合资企业	0.4914*	0.5095*	—		
外资企业	−0.3891	−0.3710	−0.8805*	—	
其他	−0.0659	−0.0478	−0.5573	0.3232	—

* $p < 0.05$。

表 7-46　自我效能的平均差异值（企业性质）

企业性质	国有企业	民营企业	合资企业	外资企业	其他
国有企业	—				
民营企业	−0.0471	—			
合资企业	0.4477*	0.4948*	—		
外资企业	−0.1471	−0.1000	−0.5948*	—	
其他	−0.4782*	−0.4311*	−0.9259*	−0.3312	—

* $p < 0.05$。

如表 7-44 所示，来自不同类型企业员工的亲社会性违规行为有所不同，合资企业员工的亲社会性违规行为与国有企业员工、民营企业员工都有差别；外资企业员工的亲社会性违规行为与合资企业员工也有差异。

如表 7-45 和表 7-46 所示，不同类型企业员工对于自我决定和自我效能感知水平都存在差别。合资企业员工的自我决定和自我效能感知水平与国有企业、民营企业员工存在不同，外资企业员工的自我决定和自我效能感知水平与合资企业员工也有差别。综合上述分析结果，企业性质应该作为控制变量进入研究模型中。

（四）统计方法

对本章提出的研究模型和假设，利用大样本数据进行检验。首先，对伦理型领导与员工正向偏离行为的主效应，以及组织反认同的中介作用进行检验；然后，对长期结果考量和共情的调节作用进行检验。在主效应、中介效应和调节效应检验中，采用的方法主要有描述性统计分析、相关分析、多元回归分析，运用的统计软件主要是 SPSS22.0 和 AMOS21.0。具体过程如下：首先，利用 SPSS22.0 软件对全部变量进行描述性统计和 Pearson 相关分析，初步探索变量之间的相互关系；

然后，利用 SPSS22.0 软件的多元回归功能对研究假设进行验证。为了提高中介作用检验的统计效度，除了采用 Baron 和 Kenny（1986）的依次检验系数法进行检验，还运用 Sobel 检验方法重复验证。

四、研究结果

（一）描述性和相关性分析

表 7-47 是全部变量的描述性和相关性统计分析结果，说明了变量的平均值、标准差以及变量之间的相关系数。从表 7-47 中可知，伦理型领导与亲社会性违规行为之间具有显著的负相关关系（$r=0.110$，$p<0.05$），与长期结果考量之间显著正相关（$r=-0.210$，$p<0.001$），与共情之间没有显著相关性（$r=0.025$，$p>0.05$），与心理授权的四个维度之间也具有显著的相关性（工作意义，$r=0.520$，$p<0.001$；自我决定，$r=0.480$，$p<0.001$；自我效能，$r=0.384$，$p<0.001$；工作影响，$r=0.189$，$p<0.001$）。亲社会性违规行为与长期结果考量之间显著正相关（$r=0.137$，$p<0.01$），与共情之间不相关（$r=0.021$，$p>0.05$），与心理授权的三个维度存在显著的相关关系（自我决定，$r=0.136$，$p<0.01$；自我效能，$r=0.126$，$p<0.05$；工作影响，$r=0.317$，$p<0.001$），与工作意义维度之间没有显著相关性（$r=0.025$，$p>0.05$）。

对本章第二～第四节提出的假设采用层级回归方法（hierarchical regression modeling，HRM）进行检验，首先运用多元线性回归检验了 H1、H2、H3、H4 和 H5，接着使用调节性回归检验了 H6 和 H7。在进行调节性回归分析时，为了减少多重共线性问题的影响，根据 Aiken 和 West（1991）的建议，将自变量和调节变量都先做中心化处理再相乘，最终得到交互效应项。数据分析结果如下所述。

（二）研究模型一分析结果

1. 伦理型领导与员工正向偏离行为的关系

H1 提出，伦理型领导对员工正向偏离行为具有正向影响。如表 7-48 所示，在控制员工的学历、年龄、任职年限、性别、职位、工作部门和企业性质之后，伦理型领导对员工亲社会性违规行为具有显著的正向影响（模型 4，$\beta=0.125$[①]，$p<0.05$），由此，H1 得到了支持。

---

① β 指标准化回归系数。

表 7-47 描述性统计和相关系数矩阵一

变量	平均值	标准差	1	2	3	4	5	6	7	8	9	10	11	12	13	14	15
1. 学历	2.920	0.667	—														
2. 年龄	2.040	0.765	0.001	—													
3. 任职年限	2.250	0.780	0.047	0.710***	—												
4. 性别	2.000	1.430	0.212***	0.052	0.158**	—											
5. 职位	1.620	0.936	0.277***	0.210***	0.144**	0.057	—										
6. 工作部门	3.200	1.926	0.292***	0.023	0.053	0.059	-0.221***	—									
7. 企业性质	5.000	2.090	0.082	0.070	0.046	0.057	-0.075	0.231***	—								
8. 亲社会性违规行为	2.822	0.832	-0.052	-0.118*	-0.106*	-0.074	-0.098	-0.065	0.007	—							
9. 伦理型领导	3.821	0.944	-0.048	-0.090	-0.108*	-0.027	-0.342***	0.128*	0.036	0.110*	—						
10. 工作意义	4.189	0.895	-0.010	-0.058	-0.027	-0.114*	-0.098	0.056	-0.063	0.025	0.520***	—					
11. 自我决定	3.987	0.868	0.078	-0.038	-0.002	-0.019	-0.087	0.117*	0.023	0.136**	0.480***	0.414***	—				
12. 自我效能	4.266	0.802	-0.108*	0.104*	0.150**	-0.119*	-0.171***	0.073	0.100*	0.126*	0.384***	0.393***	0.392***	—			
13. 工作影响	3.483	0.929	0.075	-0.036	0.038	-0.036	0.144**	-0.011	-0.044	0.317***	0.189***	0.257***	0.407***	0.258***	—		
14. 长期结果考量	3.477	0.752	0.132**	0.033	0.123*	0.144**	0.152**	-0.127*	-0.050	0.137**	-0.210***	-0.077	-0.029	-0.115*	0.214***	—	
15. 共情	4.243	0.704	0.075	0.058	0.074	0.061	0.076	-0.037	-0.058	0.021	0.025	0.082	0.069	0.122*	0.066	-0.223***	—

注：$n=398$，单尾检验。

* $p<0.05$；** $p<0.01$；*** $p<0.001$。

表 7-48 工作意义的中介作用回归分析结果

变量	工作意义		亲社会性违规行为			
	模型 1	模型 2	模型 3	模型 4	模型 5	模型 6
控制变量						
学历	0.078	−0.002*	−0.006	−0.022	−0.002	−0.021
年龄	−0.068	−0.110	0.051	0.042	0.039	0.034
任职年限	0.043	0.111	−0.148	−0.134	−0.149	−0.136
性别	−0.115	−0.107	−0.026	−0.024	−0.028	−0.030
职位	−0.083	0.125	−0.105	−0.061	−0.102	−0.056
工作部门	0.053	0.041	−0.092	−0.093	−0.087	−0.088
企业性质	−0.105	−0.105	0.015	−0.014	0.002	−0.016
自变量						
伦理型领导		0.611***		0.125*		0.151*
中介变量						
工作意义					0.038	−0.040
ΔR^2	0.039	0.328	0.035	0.014	0.001	0.001
ΔF	2.067*	182.809***	1.771	4.947*	0.495	0.368
R^2	0.039	0.368	0.035	0.049	0.037	0.051
Adjusted R^2	0.020	0.353	0.015	0.026	0.015	0.026
F	2.067*	25.591***	1.771	2.186*	1.658	2.049*

注：n=398，单尾检验；R^2 为判定系数；ΔR^2 为判定系数的变化量；F 为方差检验量；ΔF 为方差的变化量；Adjusted R^2 为调整后的判定系数。

* $p < 0.05$；*** $p < 0.001$。

2. 工作意义的中介效应

假设是针对工作意义的中介作用提出的相关假设。H2a 提出工作意义对员工正向偏离行为具有正向影响，H2b 提出工作意义在伦理型领导与员工正向偏离行为的关系中起到中介作用。关于中介效应检验，根据 Baron 和 Kenny（1986）的建议，中介效应存在应该满足以下要求：①自变量对因变量存在显著影响；②自变量对中介变量存在显著影响，并且中介变量对因变量也存在显著影响；③自变量和中介变量同时用于解释因变量时，中介变量的影响显著，而自变量的影响完全消失（完全中介）或效应减弱（部分中介）。如表 7-48 所示，首先，伦理型领导对员工亲社会性违规行为的正向影响得到了支持（模型 4，β=0.125，$p < 0.05$）。其次，伦理型领导对员工工作意义感知具有显著的正向影响（模型 2，β=0.611，$p < 0.001$）。此外，工作意义对员工亲社会性违规行为没有显著影响（模型 5，β=0.038，$p > 0.05$），H2a 没有得到支持。在回归模型 4 的基础上，将工作意义作为中介变量引入回归方程，结果显示，伦理型领导仍然显著影响员工亲社会性违规行为，而工作意义对员工亲社会性违规行为影响效应并不显著（模型 6，$\beta=-0.040$，$p>0.05$）。分析结果表明，员工工作意义并没有中介伦理型领导与员工亲社会性违规行为之间的关系，H2b 同样没有得到支持。

3. 自我决定的中介效应

如表 7-49 所示，在回归模型 4 的基础上，将自我决定作为中介变量引入回归方程，结果显示，伦理型领导对员工亲社会性违规行为的影响不再显著，而员工自我决定对其亲社会性违规行为存在显著的正向影响（模型 6，$\beta=0.154$，$p<0.05$）。另外，伦理型领导对员工自我决定也存在显著的正向作用（模型 2，$\beta=0.543$，$p<0.001$）。同时，自我决定对员工亲社会性违规行为具有显著的正向影响（模型 5，$\beta=0.175$，$p<0.01$），H3a（自我决定对员工正向偏离行为具有正向影响）得到了支持。以上分析结果表明，员工自我决定完全中介伦理型领导与员工亲社会性违规行为之间的正向关系，H3b（自我决定在伦理型领导与员工正向偏离行为的关系中起到中介作用）也得到了支持。

表 7-49　自我决定的中介作用回归分析结果

变量	自我决定		亲社会性违规行为			
	模型 1	模型 2	模型 3	模型 4	模型 5	模型 6
控制变量						
学历	0.100	0.029	−0.006	−0.022	−0.017	−0.024
年龄	−0.004	−0.045	0.051	0.042	0.038	0.045
任职年限	−0.013	0.046	−0.148	−0.134	−0.138	−0.141
性别	−0.004	0.001	−0.026	−0.024	−0.029	−0.024
职位	−0.090	0.099	−0.105	−0.061	−0.090	−0.075
工作部门	0.067	0.058	−0.092	−0.093	−0.100	−0.102
企业性质	−0.027	−0.025	0.015	−0.014	0.000	−0.011
自变量						
伦理型领导		0.543^{***}		0.125^{*}		0.041
中介变量						
自我决定					0.175^{**}	0.154^{*}
ΔR^2	0.025	0.258	0.035	0.014	0.030	0.017
ΔF	1.279	125.958^{***}	1.771	4.947^{*}	11.073^{**}	6.136^{*}
R^2	0.025	0.283	0.035	0.049	0.064	0.065
Adjusted R^2	0.005	0.267	0.015	0.026	0.042	0.041
F	1.279	17.263^{***}	1.771	2.186^{*}	2.961^{**}	2.654^{**}

注：$n=398$，单尾检验。

$*p<0.05$；$**p<0.01$；$***p<0.001$。

4. 自我效能的中介效应

如表 7-50 所示，在回归模型 4 的基础上，将自我效能作为中介变量引入回归方程，结果显示，伦理型领导对员工亲社会性违规行为的影响不再显著，而员工自我效能对其亲社会性违规行为存在显著的正向影响（模型 6，$\beta=0.120$，$p<0.05$）。另外，伦理型领导对员工自我效能也存在显著的正向作用（模型 2，$\beta=0.404$，$p<0.001$）。同时，自我效能对员工亲社会性违规行为具有显著的正向影响（模型 5，$\beta=0.146$，$p<0.01$），H4a（自我效能对员工正向偏离行为具有正向影响）得到了支持。以上分析结果表明，员工自我效能完全中介了伦理型领导与员工亲社会性违规行为之间的正向关系，H4b（自我效能在伦理型领导与员工正向偏离行为的关系中起到中介作用）也得到了支持。

表 7-50　自我效能的中介作用回归分析结果

变量	自我效能		亲社会性违规行为			
	模型 1	模型 2	模型 3	模型 4	模型 5	模型 6
控制变量						
学历	−0.032	−0.082	−0.006	−0.022	0.126	−0.009
年龄	−0.006	−0.037	0.051	0.042	0.395	0.034
任职年限	0.204**	0.250***	−0.148	−0.134	−2.235*	−0.167*
性别	−0.131*	−0.126**	−0.026	−0.024	−0.263	−0.013
职位	−0.142*	−0.005	−0.105	−0.061	−1.423	−0.058
工作部门	0.072	0.061	−0.092	−0.093	−1.693	−0.104
企业性质	0.064	0.065	0.015	−0.014	−0.229	−0.020
自变量						
伦理型领导		0.404***		0.125*		0.085
中介变量						
自我效能					0.146**	0.120*
ΔR^2	0.081	0.144	0.035	0.014	0.019	0.011
ΔF	4.444***	65.093***	1.771	4.947*	7.170**	4.013*
R^2	0.081	0.225	0.035	0.049	0.056	0.064
Adjusted R^2	0.063	0.207	0.015	0.026	0.035	0.040
F	4.444***	12.733***	1.771	2.186*	2.595**	2.608**

注：$n=398$，单尾检验。

* $p<0.05$；** $p<0.01$；*** $p<0.001$。

5. 工作影响的中介效应

如表 7-51 所示，在回归模型 4 的基础上，将工作影响作为中介变量引入回归方程，结果显示，伦理型领导对员工亲社会性违规行为的影响不再显著，而员工工作影响对其亲社会性违规行为存在显著的正向影响（模型 6，$\beta=0.373$，$p<0.001$）。另外，伦理型领导对员工工作影响也存在显著的正向作用（模型 2，$\beta=0.292$，$p<0.001$）。同时，工作影响对员工亲社会性违规行为具有显著的正向影响（模型 5，$\beta=0.380$，$p<0.001$），H5a（工作影响对员工正向偏离行为具有正向影响）得到了支持。以上分析结果表明，员工工作影响完全中介了伦理型领导与员工亲社会性违规行为之间的正向关系，H5b（工作影响在伦理型领导与员工正向偏离行为的关系中起到中介作用）也得到了支持。

表 7-51　工作影响的中介作用回归分析结果

变量	工作影响		亲社会性违规行为			
	模型 1	模型 2	模型 3	模型 4	模型 5	模型 6
控制变量						
学历	0.026	−0.012	−0.006	−0.022	−0.012	−0.020
年龄	−0.093	−0.115	0.051	0.042	0.083	0.090
任职年限	0.020	0.055	−0.148	−0.134	−0.160*	−0.164*
性别	−0.026	−0.022	−0.026	−0.024	−0.022	−0.018
职位	0.140*	0.240	−0.105	−0.061	−0.163**	−0.151*
工作部门	−0.014	−0.019	−0.092	−0.093	−0.081	−0.084
企业性质	−0.014	−0.014	0.015	−0.014	0.000	−0.009
自变量						
伦理型领导		0.292***		0.125*		0.024
中介变量						
工作影响					0.380***	0.373***
ΔR^2	0.025	0.075	0.035	0.014	0.141	0.125
ΔF	1.286	28.896***	1.771	4.947*	59.054***	51.698***
R^2	0.025	0.100	0.035	0.049	0.175	0.176
Adjusted R^2	0.006	0.079	0.015	0.026	0.156	0.154
F	1.286	4.827***	1.771	2.186*	9.181***	8.077***

注：$n=398$，单尾检验。

* $p<0.05$；** $p<0.01$；*** $p<0.001$。

（三）研究模型二分析结果

在表 7-52 中，回归模型 3 分析了员工长期结果考量对工作意义与员工亲社会性违规行为的调节作用（H6a）。从表 7-52 可知，长期结果考量、工作意义的交互项与亲社会性违规行为之间的关系显著（模型 3，$\beta=0.110$，$p<0.05$）。分析结果表明，员工长期结果考量调节了工作意义与员工亲社会性违规行为之间的关系。

表 7-52　长期结果考量的调节作用回归分析结果（工作意义）

变量	亲社会性违规行为		
	模型 1	模型 2	模型 3
控制变量			
学历	−0.006	−0.009	−0.005
年龄	0.051	0.090	0.068
任职年限	−0.148	−0.181*	−0.168*
性别	−0.026	−0.046	−0.058
职位	−0.105	−0.112	−0.084
工作部门	−0.092	−0.048	−0.037
企业性质	0.015	0.007	0.000
自变量			
工作意义		0.064	0.070
调节项			
长期结果考量		0.177***	0.150**
工作意义×长期结果考量			0.110*
ΔR^2	0.035	0.043	0.024
ΔF	1.771	7.783***	8.806**
R^2	0.035	0.070	0.094
Adjusted R^2	0.015	0.045	0.067
F	1.771	2.801**	3.460***

注：$n=398$，单尾检验。

* $p<0.05$；** $p<0.01$；*** $p<0.001$。

本书分别以高于均值 1 个标准差和低于均值 1 个标准差为基准，描绘了在不同程度的员工长期结果考量倾向下，员工工作意义感知与其亲社会性违规行为之间的关系（图 7-4）。如图 7-4 所示，员工长期结果考量倾向越高，员工工作意义感知对员工亲社会性违规行为的正向影响越强烈；员工长期结果考量倾向越低，员工工作意义感知对员工亲社会性违规行为的正向影响越不强烈。由此，H6a 得到了支持。

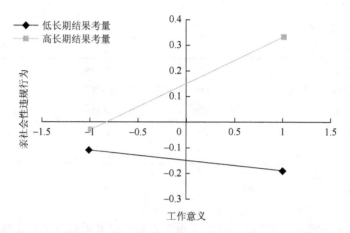

图 7-4　长期结果考量对工作意义与亲社会性违规行为关系的调节作用

在表 7-53 中，回归模型 3 分析了员工长期结果考量对员工自我决定与其亲社会性违规行为之间的调节作用（H6b）。从模型 3 可知，自我决定、长期结果考量的交互项与亲社会性违规行为之间的关系不显著（模型 3，$\beta=0.052$，$p>0.05$）。分析结果表明，员工长期结果考量没有调节自我决定与员工亲社会性违规行为之间的关系。由此，H6b 没有得到支持。

表 7-53　长期结果考量的调节作用回归分析结果（自我决定）

变量	亲社会性违规行为		
	模型 1	模型 2	模型 3
控制变量			
学历	−0.006	−0.019	−0.014
年龄	0.051	0.094	0.088
任职年限	−0.148	−0.169[*]	−0.163[*]
性别	−0.026	−0.050	−0.049
职位	−0.105	−0.098	−0.086
工作部门	−0.092	−0.063	−0.059
企业性质	0.015	0.005	−0.003
自变量			
自我决定		0.171[***]	0.175[***]

续表

变量	亲社会性违规行为		
	模型 1	模型 2	模型 3
调节项			
长期结果考量		0.184***	0.173**
自我决定×长期结果考量			0.052
ΔR^2	0.035	0.106	0.005
ΔF	1.771	4.375***	1.896
R^2	0.035	0.106	0.111
Adjusted R^2	0.015	0.082	0.084
F	1.771	4.375***	4.137***

注：$n=398$，单尾检验。

* $p<0.05$；** $p<0.01$；*** $p<0.001$。

在表 7-54 中，回归模型 3 分析了员工长期结果考量对员工自我效能与其亲社会性违规行为之间的调节作用（H6c）。从模型 3 可知，自我效能、长期结果考量的交互项与亲社会性违规行为之间的关系显著（模型 3，$\beta=0.148$，$p<0.05$）。分析结果表明，员工长期结果考量调节了自我效能与员工亲社会性违规行为之间的关系。

表 7-54　长期结果考量的调节作用回归分析结果（自我效能）

变量	亲社会性违规行为		
	模型 1	模型 2	模型 3
控制变量			
学历	−0.006	0.003	0.014
年龄	0.051	0.088	0.094
任职年限	−0.148	−0.216**	−0.217**
性别	−0.026	−0.029	−0.039
职位	−0.105	−0.089	−0.050
工作部门	−0.092	−0.058	−0.051
企业性质	0.015	−0.010	−0.009
自变量			
自我效能		0.177***	0.156*
调节项			
长期结果考量		0.191***	0.158*
自我效能×长期结果考量			0.148*

续表

变量	亲社会性违规行为		
	模型 1	模型 2	模型 3
ΔR^2	0.035	0.070	0.035
ΔF	1.771	12.889***	13.526***
R^2	0.035	0.098	0.133
Adjusted R^2	0.015	0.073	0.107
F	1.771	4.012***	5.098***

注：$n=398$，单尾检验。

$* p<0.05$；$** p<0.01$；$*** p<0.001$。

　　本书分别以高于均值 1 个标准差和低于均值 1 个标准差为基准，描绘了在不同程度的员工长期结果考量倾向下，员工自我效能与其亲社会性违规行为之间的关系（图 7-5）。如图 7-5 所示，员工长期结果考量倾向越高，员工自我效能感知对其亲社会性违规行为的正向影响越强烈；员工长期结果考量倾向越低，员工自我效能感知对其亲社会性违规行为的正向影响越不明显。由此，H6c 得到了支持。

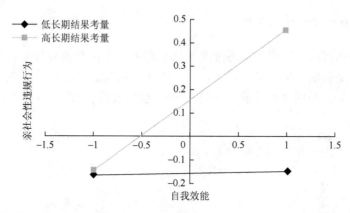

图 7-5　长期结果考量对自我效能与亲社会性违规行为关系的调节作用

　　在表 7-55 中，回归模型 3 分析了员工长期结果考量对员工工作影响与其亲社会性违规行为之间的调节作用（H6d）。从模型 3 可知，员工的工作影响、长期结果考量的交互项与亲社会性违规行为之间的关系显著（模型 3，$\beta=0.120$，$p<0.01$）。分析结果表明，员工长期结果考量调节了工作影响与员工亲社会性违规行为之间的关系。

表 7-55　长期结果考量的调节作用回归分析结果（工作影响）

变量	亲社会性违规行为		
	模型 1	模型 2	模型 3
控制变量			
学历	−0.006	−0.015	−0.014
年龄	0.051	0.126	0.122
任职年限	−0.148	−0.186*	−0.173
性别	−0.026	−0.026	−0.016
职位	−0.105	−0.164**	−0.144**
工作部门	−0.092	−0.050	−0.039
企业性质	0.015	0.001	−0.015
自变量			
工作影响		0.328***	0.336***
调节项			
长期结果考量		0.106*	0.090
工作影响×长期结果考量			0.120**
ΔR^2	0.035	0.183	0.020
ΔF	1.771	8.301***	8.505**
R^2	0.035	0.183	0.204
Adjusted R^2	0.015	0.161	0.180
F	1.771	8.301***	8.490***

注：n=398，单尾检验。

* $p<0.05$；** $p<0.01$；*** $p<0.001$。

本书分别以高于均值 1 个标准差和低于均值 1 个标准差为基准，描绘了在不同程度的员工长期结果考量倾向下，员工工作影响与其亲社会性违规行为之间的关系（图 7-6）。如图 7-6 所示，员工长期结果考量倾向越高，员工工作影响感知

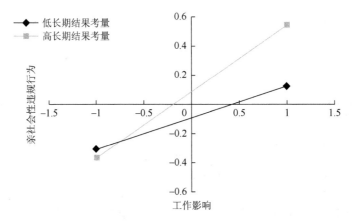

图 7-6　长期结果考量对工作影响与亲社会性违规行为关系的调节作用

对其亲社会性违规行为的正向影响越强烈；员工长期结果考量倾向越低，员工工作影响感知对其亲社会性违规行为的正向影响越不强烈。由此，H6d 得到了支持。

（四）研究模型三分析结果

在表 7-56 中，回归模型 3 分析了员工共情对工作意义与其亲社会性违规行为之间关系的调节作用（H7a）。从表 7-56 可知，共情、工作意义的交互项与亲社会性违规行为之间的关系并不显著（模型 3，$\beta=0.010$，$p>0.05$）。分析结果表明，员工共情没有调节工作意义与员工亲社会性违规行为之间的关系，H7a 没有得到支持。

表 7-56 共情的调节作用回归分析结果（工作意义）

变量	亲社会性违规行为		
	模型 1	模型 2	模型 3
控制变量			
学历	−0.006	−0.011	−0.010
年龄	0.051	0.043	0.043
任职年限	−0.148	−0.149	−0.150
性别	−0.026	−0.028	−0.028
职位	−0.105	−0.113	−0.113
工作部门	−0.092	−0.073	−0.072
企业性质	0.015	0.016	0.016
自变量			
工作意义		0.004	0.002
调节项			
共情		0.091	0.092
工作意义×共情			0.010
ΔR^2	0.035	0.008	0.000
ΔF	1.771	1.441	0.031
R^2	0.035	0.040	0.040
Adjusted R^2	0.015	0.015	0.012
F	1.771	1.565	1.408

注：$n=398$，单尾检验。

在表 7-57 中，回归模型 3 分析了员工共情对自我决定与其亲社会性违规行为之间的调节作用（H7b）。从模型 3 可知，自我决定、共情的交互项与亲社会性违规行为之间的相关关系显著（模型 3，$\beta=0.149$，$p<0.01$）。分析结果表明，员工共情可以调节员工的自我决定与其亲社会性违规行为之间的关系。

表 7-57　共情的调节作用回归分析结果（自我决定）

变量	亲社会性违规行为		
	模型 1	模型 2	模型 3
控制变量			
学历	−0.006	−0.024	−0.027
年龄	0.051	0.040	0.052
任职年限	−0.148	−0.140	−0.143
性别	−0.026	−0.023	−0.009
职位	−0.105	−0.090	−0.087
工作部门	−0.092	−0.084	−0.082
企业性质	0.015	0.014	−0.006
自变量			
自我决定		0.163**	0.132*
调节项			
共情		0.073	0.074
自我决定×共情			0.149**
ΔR^2	0.027	0.034	0.021
ΔF	1.324	6.004**	7.485**
R^2	0.027	0.065	0.085
Adjusted R^2	0.007	0.040	0.058
F	1.324	2.577**	3.113***

注：$n=398$，单尾检验。

* $p<0.05$；** $p<0.01$；*** $p<0.001$。

　　本书分别以高于均值 1 个标准差和低于均值 1 个标准差为基准，描绘了在不同程度的员工共情倾向下，员工自我决定感知与其亲社会性违规行为之间的关系（图 7-7）。如图 7-7 所示，员工共情倾向越高，员工自我决定感知对其亲社会性违规行为的正向影响越强烈；员工共情倾向越低，员工自我决定感知对其亲社会性违规行为的正向影响越不强烈。由此，H7b 得到了支持。

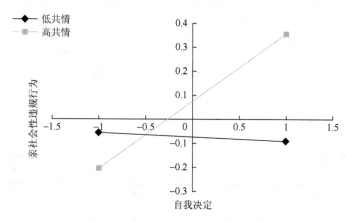

图 7-7　共情对自我决定与亲社会性违规行为关系的调节作用

　　在表 7-58 中，回归模型 3 分析了员工共情对自我效能与其亲社会性违规行为之间关系的调节作用（H7c）。从模型 3 可知，自我效能、共情的交互项与亲社会性违规行为之间的关系并不显著（模型 3，β=0.084，p＞0.05）。分析结果表明，员工共情无法调节员工的自我效能与其亲社会性违规行为之间的关系，H7c 没有得到支持。

表 7-58　共情的调节作用回归分析结果（自我效能）

变量	亲社会性违规行为		
	模型 1	模型 2	模型 3
控制变量			
学历	−0.006	−0.004	0.001
年龄	0.051	0.037	0.042
任职年限	−0.148	−0.174*	−0.179*
性别	−0.026	−0.010	−0.004
职位	−0.105	−0.090	−0.084
工作部门	−0.092	−0.086	−0.089
企业性质	0.015	0.006	0.000
自变量			
自我效能		0.135*	0.122*
调节项			
共情		0.073	0.063
自我效能×共情			0.084

续表

变量	亲社会性违规行为		
	模型 1	模型 2	模型 3
ΔR^2	0.035	0.024	0.007
ΔF	1.771	4.333*	2.340
R^2	0.035	0.058	0.064
Adjusted R^2	0.015	0.032	0.036
F	1.771	2.282*	2.296*

注：n=398，单尾检验。

* $p<0.05$。

在表 7-59 中，回归模型 3 分析了员工共情对工作影响与其亲社会性违规行为之间的调节作用（H7d）。从模型 3 可知，工作影响、共情的交互项与亲社会性违规行为之间的关系并不显著（模型 3，β=0.089，$p>0.05$）。分析结果表明，员工共情并未调节工作影响与员工亲社会性违规行为之间的关系，H7d 没有得到支持。

表 7-59　共情的调节作用回归分析结果（工作影响）

变量	亲社会性违规行为		
	模型 1	模型 2	模型 3
控制变量			
学历	0.013	−0.024	−0.023
年龄	0.074	0.090	0.105
任职年限	−0.156	−0.162*	−0.178*
性别	−0.023	−0.016	−0.008
职位	−0.103	−0.166**	−0.167**
工作部门	−0.073	−0.069	−0.076
企业性质	0.001	0.011	−0.000
自变量			
工作影响		0.370***	0.364***
调节项			
共情		0.054	0.050
工作影响×共情			0.089
ΔR^2	0.027	0.141	0.008
ΔF	1.324	28.404***	3.081
R^2	0.027	0.172	0.180
Adjusted R^2	0.007	0.150	0.155
F	1.324	7.712***	7.292***

注：n=398，单尾检验。

* $p<0.05$；** $p<0.01$；*** $p<0.001$。

五、结果讨论

本节采用 398 份样本数据对伦理型领导对员工正向偏离行为的影响结果及其作用机制进行了检验，分析结果如下所述。

第一，伦理型领导是一种能够激发员工正向偏离行为的积极因素。具体而言，本章 H1 提出伦理型领导对员工正向偏离行为具有正向影响，该假设得到了样本数据的支持。伦理型领导身兼道德人和道德管理者的双重身份，是正面领导的典型代表（Treviño et al., 2003；张笑峰和席酉民，2014）。正面领导行为对员工正向偏离行为产生正向影响，其原因可能在于，正向偏离行为是带有风险的角色外行为，上级领导的支持、信任和接纳是激发正向偏离行为的重要情境因素之一。当上级领导是一个正直、可靠、有道德的人，以尊重、关怀和公允的态度对待员工，并以组织和员工的利益为重时，这会激发员工维护组织或组织成员利益的强烈动机，甚至为此而主动打破组织规则。

第二，心理授权是伦理型领导影响员工正向偏离行为的心理中介机制。本书考察了心理授权的四个维度：工作意义、自我决定、自我效能和工作影响对伦理型领导与员工正向偏离行为之间关系的中介作用，并分别在 H2、H3、H4 和 H5 中提出了相关假设。研究结果表明，H2 关于工作意义的中介作用没有得到支持，H3 关于自我决定的中介作用，H4 关于自我效能的中介作用，H5 关于工作影响的中介作用都得到了支持。上述分析结果表明，尽管工作意义维度的中介作用被证实并不存在，但是其余假设都得到了证明，这说明伦理型领导对员工正向偏离行为的影响是可以通过作用于员工的心理授权感知的方式来传递的。

第三，本书提出正向偏离行为是一种虽然牺牲了员工的个人短期利益，却给组织带来长期利益的社会困境，基于此，建构了社会困境视角下的调节效应模型。具体而言，考察了长期结果考量和共情对心理授权的四个维度与员工正向偏离行为之间关系的调节作用。研究结果表明，长期结果考量的调节作用基本成立，除了自我决定，长期结果考量对工作影响、自我效能、工作意义与员工正向偏离行为的调节效应都被证明是显著的；然而共情的调节作用大部分没有成立，除了能够显著地影响自我决定与员工正向偏离行为的关系，其他三个调节效应的检验结果都不显著。正如本书所预期的：对于高长期结果考量倾向的员工而言，总体来说，心理授权感知对其正向偏离行为的积极影响得到增强，然而对于低长期结果考量倾向的员工，心理授权感知对其正向偏离行为的影响则被抑制。此外，对于共情倾向对心理授权与员工正向偏离行为的调节作用的假设大部分都不成立，然而值得注意的是，自我决定的调节作用是符合预期的，心理授权不同维度的调节作用成立与不成立的原因之所在，值得未来研究做出进一步的思考。

本章小结：本章首先采用相关理论，提出了研究模型一、研究模型二、研究模型三，以及相关的研究假设。然后，采用实证研究方法，对研究模型及假设进行了检验。研究结果显示，研究模型一和研究模型二中的假设绝大部分是成立的，而研究模型三中的假设大部分并不成立。假设检验的结果具体如表 7-60 所示。

表 7-60　假设验证结果汇总一

序号	假设内容	检验结果
H1	伦理型领导对员工正向偏离行为具有正向影响	支持
H2a	工作意义对员工正向偏离行为具有正向影响	不支持
H2b	工作意义在伦理型领导与员工正向偏离行为的关系中起到中介作用	不支持
H3a	自我决定对员工正向偏离行为具有正向影响	支持
H3b	自我决定在伦理型领导与员工正向偏离行为的关系中起到中介作用	支持
H4a	自我效能对员工正向偏离行为具有正向影响	支持
H4b	自我效能在伦理型领导与员工正向偏离行为的关系中起到中介作用	支持
H5a	工作影响对员工正向偏离行为具有正向影响	支持
H5b	工作影响在伦理型领导与员工正向偏离行为的关系中起到中介作用	支持
H6a	员工长期结果考量在工作意义与员工正向偏离行为的关系中起到调节作用，即员工的长期结果考量倾向可以增强工作意义对员工正向偏离行为的正向影响	支持
H6b	员工长期结果考量在自我决定与员工正向偏离行为的关系中起到调节作用，即员工的长期结果考量倾向可以增强自我决定对员工正向偏离行为的正向影响	不支持
H6c	员工长期结果考量在自我效能与员工正向偏离行为的关系中起到调节作用，即员工的长期结果考量倾向可以增强自我效能对员工正向偏离行为的正向影响	支持
H6d	员工长期结果考量在工作影响与员工正向偏离行为的关系中起到调节作用，即员工的长期结果考量倾向可以增强工作影响对员工正向偏离行为的正向影响	支持
H7a	员工共情在工作意义与员工正向偏离行为的关系中起到调节作用，即员工的共情倾向可以增强工作意义对员工正向偏离行为的正向影响	不支持
H7b	员工共情在自我决定与员工正向偏离行为的关系中起到调节作用，即员工的共情倾向可以增强自我决定对员工正向偏离行为的正向影响	支持
H7c	员工共情在自我效能与员工正向偏离行为的关系中起到调节作用，即员工的共情倾向可以增强自我效能对员工正向偏离行为的正向影响	不支持
H7d	员工共情在工作影响与员工正向偏离行为的关系中起到调节作用，即员工的共情倾向可以增强工作影响对员工正向偏离行为的正向影响	不支持

第八章　辱虐管理对员工正向偏离行为的影响研究

本章运用社会困境、组织认同等相关理论，通过理论演绎和逻辑推理的方式，建构理论模型，提出研究假设，并进行检验。本章主要关注的是，上级的辱虐管理对员工正向偏离行为的影响及其作用机制。首先从认同视角出发，分析员工的组织反认同对于上级辱虐管理与员工正向偏离行为之间关系的心理中介作用。然后从社会困境的角度出发，探讨个体特征变量对上级的辱虐管理的作用过程的调节效应。在建构理论模型及提出研究假设之后，采取问卷调查法收集样本数据，并利用统计软件 SPSS22.0 和 AMOS21.0 分析数据，从而对模型及假设的真实性进行检验。

第一节　辱虐管理对员工正向偏离行为的抑制性影响

辱虐管理是指上级对下属的持续性语言或非语言方面的敌意行为，如公开指责、恶语相向、威胁恐吓、冷嘲热讽等，这些行为尽管并没有直接伤害下属的身体，但是对下属的情绪、态度、行为等造成了负面影响（Aryee et al.，2007）。辱虐管理是一种长期行为，除非结束上下级关系或上级有意识地修正自己的管理方式，否则辱虐行为会持续发生。大量国内外研究证实，辱虐管理给员工的心理、态度、行为带来较为严重的消极影响，是一种应该予以消除的破坏性行为（Tepper，2000）。辱虐管理不仅导致员工的自我价值感降低、自我评价变差，而且工作愉悦感、工作意义感及工作价值感等均会明显下降。另外，辱虐式领导的下属员工主动投入创造性工作的时间、精力较少，组织公民行为、建言行为等正面行为也较少，而反抗行为（resistance behavior）、攻击行为（aggressive behavior）、偏离行为（deviant behavior）等负面行为则较多（Zellars et al.，2002；吴维库等，2012）。基于中国情境的研究表明，由于中国社会具有关系性本质和人格化特征，上级的辱虐管理对员工的负面影响更加显著。例如，辱虐管理会导致中国员工的组织不公正知觉更高，组织公民行为更少，上下级的关系质量更差（Aryee et al.，2007）。再如，在遭受领导的辱虐之后，中国员工的心理安全感更低，对主动性行为（如建言）的成本-收益的估值更高，因而表现出更少的主动性行为（吴维库等，2012）。

正向偏离行为受利他性动机驱使，具有功能性作用，但是逾越了组织规则，可能给员工带来一些负面后果，因此并非所有员工都愿意承担违规行为的风险。从心理资源的角度而言，资源充足的员工更可能表现出正向偏离行为，因为他们思维开阔且随机应变，愿意接受挑战，还勇于承受被误解、被责罚的风险。在遭受领导的辱虐之后，员工可能产生抑郁、焦虑等负面情绪，对上级及同事怀有敌意，工作不满意感上升，因此，辱虐管理是工作场所压力的主要来源之一（Nandkeolyar et al.，2014）。根据压力交易模型（transactional model of stress），当压力对个体造成侵害时，人们会积极地采取行动以消除或舒缓压力（Lazarus and Folkman，1987）。据此推测，一方面，为了应对上级的辱虐管理所造成的心理困扰，员工必须消耗一些心理资源用于自我认知调节（Gilboa et al.，2008）；另一方面，行使正向偏离行为也需要员工具备充分的心理资源。个体拥有的心理资源数量是有限的，至少在一段时间内如此，由于辱虐管理耗用了可以用于支持正向偏离行为的心理资源，所以辱虐管理者的下属员工会有较少的正向偏离行为。综上，提出以下假设。

H1：上级辱虐管理行为负向影响员工的正向偏离行为。

第二节　辱虐管理对员工正向偏离行为的影响机制

正向偏离行为和负向偏离行为（如反生产行为）是两种独立的行为，具有不同的特征及表现。然而，大多数研究没有对这两种行为进行独立的研究（Vadera et al.，2013），如公平理论、社会交换理论等被用来解释负向偏离行为的发生机制，也被用来探讨正向偏离行为产生的原理（马力等，2011）。Vadera 等（2013）指出，深入地剖析员工同组织、相关利益群体等的关系与其行为之间的内在关联，可以有效地区分负向偏离行为与正向偏离行为的前因变量和发生机制。鉴于此，为了响应研究者的号召，本章将深入地剖析上级的辱虐管理影响员工正向偏离行为的内在机制。

当员工接纳和喜爱自己工作的组织时，会将自我定义与组织特征统一起来，从中获得良好的自我知觉，即对所属组织产生认同感。然而，当员工的自我认知或角色定位在某些方面与组织的行为、特征或价值取向不一致时，他们将自己在这些方面与组织隔绝对立，将个人身份定义为组织的对立面，以便继续维持良好的自我知觉，此时，员工会对所属组织产生反认同感（Dukerich et al.，1998）。从本质上说，组织反认同与组织认同都是为了获得积极的自我知觉，具有相同的心理机制（追求自尊）和社会基础（组织身份多样性），实现手段却截然相反，组织认同是通过将自我与组织统一起来，组织反认同则是通过切断自我与组织之间的联系，换言之，认同体现了"求同"，然而反认同则表现为"存异"（Kreiner and Ashforth，2004；马力等，2011）。组织反认同并不是组织认同的简单相反，而是两种不同的心理状态，可以同时存在，当员工对组织的某些方面产生反认同时，仍然可以对组织的其他方面具有认同感（Ashforth et al.，

2013)。当员工对组织产生反认同感时，尽管与组织之间仍然存在工作方面的归属关系，却从心理上将自己与组织分离开来，因此，他们可能隐瞒自己的想法、感受、信念，切断与其他组织成员的情感联结，降低对组织的投入程度（Burris et al.，2008）。

　　领导是组织的代理人，掌控着组织资源的分配，监督着员工的工作过程，对员工的绩效做出评价，并据此实施奖惩。在员工心目中，领导代表着组织，领导对待自己的方式反映着组织的态度，这种感知又反过来投射到组织身上。已有研究表明，员工的领导知觉具有"溢出"效应，即员工关于领导的感受、态度和认知等会转变为组织知觉（Burris et al.，2008）。领导向员工施加的辱虐行为侵害员工的利益，伤害双方的关系，致使员工对领导产生负面的知觉，这种知觉又进一步转化为员工对整个组织的感知。无论组织认同抑或反认同都是为了满足自尊需求，当组织无法给员工带来自尊时，员工会从心理上与组织发生对立。领导对员工的公开嘲笑、大声呵斥和恶意贬损等辱虐行为会挫伤员工的自尊，降低员工的自我价值感，从而引发员工的组织反认同感。对于遭到上级辱虐的员工来说，他们与组织之间缺乏必要的情感连接，无法从组织中获取支持违规行为的心理资源。此时，尽管受到组织身份的约束，员工仍然隶属于组织，他们会履行基本的工作职责并获得相应的报酬和奖励。然而，在组织反认同感的驱使下，员工缺乏为了实现组织目标而付出额外努力的内在动机，更不会为了增进组织福祉而冒着未知的风险去打破组织规则。综上，提出以下假设。

　　H2a：上级辱虐管理对员工组织反认同具有正向影响。

　　H2b：员工组织反认同在上级辱虐管理与员工正向偏离行为的关系中起到中介作用。

　　根据以上的研究假设，建构本章第一个研究模型，如图8-1所示。

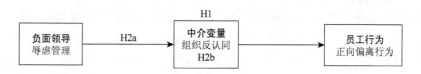

图8-1　组织反认同的中介作用研究模型（研究模型一）

第三节　基于社会困境理论的调节机制

一、社会困境视角下的正向偏离行为

　　正向偏离行为会带来双重影响，令员工陷入左右为难的境地。正向偏离行

为会给组织带来长远利益，如组织绩效的提高、工作流程的完善、顾客关系的改善等，然而不会给员工个人带来直接利益，甚至会对他们造成一些负面影响。正向偏离行为打破了组织的既有规则，这对组织和领导的权威构成了挑战，因而可能招致上级或同事的不理解、不接受、甚至打击报复等。正向偏离行为是一种社会困境，行动者将要面对两种类型的冲突：第一种是社会冲突，即个体利益和集体利益之间的冲突；第二种是时间冲突，即短期利益和长期利益之间的冲突（Joireman et al.，2006a）。在面对社会冲突时，个体的选择取决于社会价值取向，而在面对时间冲突时，要做出何种选择则与个体的时间取向有关。本书选取长期结果考量和共情两个变量作为衡量个体的时间价值取向与社会价值取向的指标。

二、长期结果考量的调节作用

长期结果考量倾向能够反映个体对当前行为潜在的长期结果的关注程度，以及他们的行为受这些结果影响的程度（Strathman et al.，1994）。如果个体的长期结果考量倾向较低，那么表明他们对当前行为将要引发的短期结果更关注，对延迟的长期结果则相对不重视；相反地，如果个体的长期结果考量倾向较高，那么意味着他们更看重长期结果，对当下的短期结果相对不重视。可以推断，高长期结果考量倾向个体擅长战略性思考、关注长远目标、宁愿牺牲眼前利益以换取未来幸福，低长期结果考量倾向个体则聚焦于眼前问题、重视短期目标，更愿意体验当下的幸福感，将未来的问题留到以后去解决。以往研究已经证明，如果员工的高长期结果考量倾向较高，那么他们更倾向于为了实现集体的长期利益，而去牺牲个人的短期幸福，因此，高长期结果考量倾向员工会表现出更多的组织公民行为（Joireman et al.，2006a）。

长期结果考量反映了个体在选择当下行动时，更加重视短期结果还是长期结果，是影响员工正向偏离行为的一个调节变量。长期结果考量倾向高的员工，更加重视自身行为的长期利益，而不是短期损失。上级的辱虐管理固然增加了违规行为的成本和风险，但是他们更看重违规行为可能创造的长期价值，尤其是从长远来看，和谐的同事关系、高效的工作流程等结果终将惠及全体员工，包括违规员工本人。因此，当领导实施辱虐管理时，长期结果考量倾向高的员工更可能做出正向偏离行为。长期结果考量倾向低的员工，较少考虑当前行为的长期价值，较为不愿意承担正向偏离行为的风险。如果上级对他们实施辱虐，那么他们会变得更加退缩和短视，更想要保有眼前利益，进而更少做出正向偏离行为。

对组织反认同的员工不会为了实现组织长期利益、战略目标而打破组织规则，长期结果考量能够调节员工组织反认同对正向偏离行为的负面影响。对于长期结果考量倾向高的员工来说，当前行为的长期结果更有价值，如果正向偏离行为的延迟价值是可观的，那么即使他们对组织的某些方面并不认同，甚至违规行为还会给他们个人造成短期损失，他们也不会因此而放弃必要的正向偏离行为。长期结果考量倾向低的员工将目光锁定于当下，计较眼前的成败得失，当他们对组织反认同时，会迅速地减少或避免个人的正向偏离行为。综上，提出以下假设。

H3a：员工长期结果考量在上级辱虐管理与员工正向偏离行为的关系中起到调节作用，即员工的长期结果考量倾向可以缓解上级辱虐管理所带来的员工正向偏离行为的减少。

H3b：员工长期结果考量在员工组织反认同与正向偏离行为的关系中起到调节作用，即员工的长期结果考量倾向可以缓解员工组织反认同所带来的正向偏离行为的减少。

根据以上的研究假设，建构本章第二个研究模型，如图 8-2 所示。

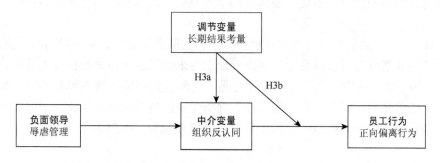

图 8-2　长期结果考量的调节作用研究模型（研究模型二）

三、共情的调节作用

共情是指向他人的一种与情绪和认知有关的体验（刘聪慧等，2009），是感知、理解他人情绪的一种人格特质或能力，可以激发个体的利他性动机及行为（Bierhoff et al.，1991；Penner and Finkelstein，1998）。一般而言，共情倾向高的个体更加关心他人及集体（Batson et al.，2002），在个人利益与组织利益之间发生矛盾时，他们倾向于以组织利益为重。以往研究表明，当员工预期将要离开组织时，他们会减少组织公民行为。然而，这种情况只在低共情倾向个体身上才会出现，对于高共情倾向员工来说，无论是否将要离职都不会对组织公民行为造成显著的影响（Joireman et al.，2006a）。

员工正向偏离行为能够促进组织利益和目标的实现，却给员工本人带来一定程度的风险及成本。辱虐管理是上级主管与员工之间的一种负向互动行为，会强化员工对正向偏离行为风险的感知，继而降低员工的正向偏离行为。在这个过程中，不同员工的共情倾向发挥着重要的调节作用。由于共情倾向高低不同，员工对正向偏离行为的"成本-利益"值的主观判断有所差别：高共情倾向员工对正向偏离行为所创造的组织利益赋予更高价值；低共情倾向员工则更在意个人的利益得失，在辱虐式上级的领导下，他们对正向偏离行为的潜在风险和成本的评价会提高。综上所述，上级主管的辱虐管理行为可能对低共情倾向员工的正向偏离行为造成显著的负向影响，对高共情倾向员工的影响则并不显著。

上级的辱虐管理会对员工的心理造成伤害，并破坏上下级之间的情感连接，共情倾向能够进一步强化辱虐管理行为对员工的心理感知的负面作用。与低共情倾向的员工相比较，高共情倾向的员工更加灵敏易感，对他人情绪的认知及感受能力更强，因而他们个人的情绪及态度也更容易受到外界因素掌控。当受到上级的公开羞辱、大声呵斥或贬损等不当对待时，高共情倾向员工的感知更加强烈，也会将这种负面情绪更多地"溢出"到组织身上，从而对组织产生更为强烈的反认同感。综上，提出以下假设。

H4a：员工共情在上级辱虐管理与员工正向偏离行为的关系中起到调节作用，即员工的共情倾向可以缓解上级辱虐管理所带来的员工正向偏离行为的减少。

H4b：员工共情在上级辱虐管理与员工组织反认同的关系中起到调节作用，即员工的共情倾向可以加剧上级辱虐管理所带来的员工组织反认同感知的增加。

根据以上的研究假设，建构本章第三个研究模型，如图 8-3 所示。

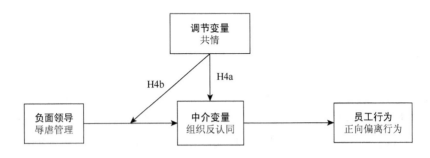

图 8-3　共情的调节作用研究模型（研究模型三）

第四节　假设检验与结果

为了验证本书的研究模型及假设是否成立，进行了问卷调研和统计检验。在江苏、浙江、广东、上海、湖北等地的多家企业组织中，对内部员工发放调查问卷。针对这些有效问卷，进行了以下数理统计分析。

第一，计算样本数据的峰度和偏度，考察样本的正态性分布情况，从而判断利用该样本数据进行假设验证会不会产生不合理的偏差（侯杰泰等，2004；黄芳铭，2005）。

第二，对样本数据可能具有的系统性偏差进行排查，如同源方差问题。

第三，检验测量量表的信度和效度。对试测数据进行考察的过程中，主要运用CITC 和 Cronbach's α 系数对量表的信度进行初步测试，并采用探索性因子分析方法，考察量表的效度。在检验大规模样本数据的信度、效度时，先利用 AMOS21.0统计软件，运用验证性因子分析法和提取平均化变异量的方式，计算每个量表的聚合效度，再运用验证性因子分析方法，分别计算单因子模型、三因子模型、四因子模型和五因子模型的各项拟合指标，比较以上四种模型的拟合程度优劣，从而对量表的区分效度做出判断。

第四，运用独立样本 T 检验法和单因素方差分析法，考察控制变量对中介变量和结果变量的影响。对二分控制变量（如性别）采用独立样本 T 检验法，对多类别控制变量则采用单因素方差分析法，先检验控制变量的方差是否齐性，然后根据检验结果选择相应的事后比较方法。

第五，运用 SPSS22.0 统计软件进行相关分析和多元回归分析，检验变量之间的假设关系是否存在，以及理论模型是否成立。

一、变量测量工具

本章使用的测量工具都来自国内外成熟量表。在设计问卷之前，通过中英文双向互译，邀请行业专家、企业员工共同审核的方式，对中文量表的内容进行修正。为了减少自我报告数据的同源方差问题，在进行统计分析时，对所有变量进行了相应处理。另外，为了确保测量工具的一致性，所有变量的评价均采用 Likert 6 点计分法，1 表示"完全不符合"，6 表示"完全符合"。由于亲社会性违规行为、长期结果考量和共情三个构念的测量量表与第七章一致，此处不再赘述。辱虐管理和组织反认同的测量题项如下所述。

1. 辱虐管理的测量题项

Tepper（2000）量表虽然具有良好的信度和效度，然而在操作过程中，15 个题项显然略长。因此，在实际应用过程中，研究者对该量表的一些题项进行了删减。例如，Aryee 等（2008）提出了一个应用率较高的简缩版本。为了克服文化差异的影响，Aryee 等（2008）保留了具有文化中性的 10 个题项，删除了余下的

5 个题项。该量表曾被国内研究者使用过，结果表明具有良好的信度和效度。因此，选择以 Aryee 等的十题项量表作为测量工具，具体内容如表 8-1 所示。

表 8-1　辱虐管理的测量量表

题号	测量题项
Q2-1	我的上级/领导向他人发表对我的负面评论
Q2-2	我的上级/领导嘲笑我
Q2-3	我的上级/领导在为别的事情气恼时会迁怒于我
Q2-4	我的上级/领导责怪我以免除自己的尴尬
Q2-5	我的上级/领导说我是个能力不足或缺乏效能的员工
Q2-6	我的上级/领导告诉我的想法或感觉是愚蠢的
Q2-7	我的上级/领导忽略我或对我沉默不语
Q2-8	我的上级/领导对我态度粗鲁
Q2-9	我的上级/领导认为我做非常费力的活儿是应该的
Q2-10	我的上级/领导提醒我过去的错误和失败

2. 组织反认同的测量题项

组织反认同反映的是个体通过与某一组织具有相反、相对的特征来构建自己的社会身份的程度（马力等，2011），是员工表达与组织有关的消极情感的一种方式，具有消除或减缓认同威胁的功能。本书依据 Kreiner 和 Ashforth 量表（Cronbach's α 系数为 0.90）来评估员工对组织的反认同感，具体内容及其来源如表 8-2 所示。

表 8-2　组织反认同的测量题项

题号	测量题项
Q3-1	作为组织一份子让我觉得很尴尬
Q3-2	这个组织的行为可耻
Q3-3	我尽量不让别人知道我为这个组织工作
Q3-4	我觉得这是个不光彩的组织
Q3-5	我希望他人知道我不认同组织的行为
Q3-6	我为组织所做的事情而感到尴尬

3. 控制变量

根据以往相关研究的结论，员工亲社会性违规行为还可能受到企业性质、工作部门、任职年限、职位、性别、年龄、学历等因素的影响。为了避免这些因素对亲社会性违规行为、辱虐管理、组织反认同、长期结果考量、共情之间的关系造成不必要的干扰，本书将这些变量作为控制变量纳入研究模型中。

二、问卷试测与调整

在进行大规模调查之前，在一家深圳的大型民营企业进行了小规模抽样调查，调查对象为该公司研发、销售和物流等部门的员工。调研过程中，共发放 150 份问卷，回收 138 份，剔除 23 份不合格问卷（如漏答、多选、态度敷衍、具有较为极端的倾向性等）之后，有效问卷总计 115 份，有效回收率为 76.67%。对于亲社会性违规行为、辱虐管理、组织反认同、长期结果考量和共情的测量量表的信度与效度分析结果，如下所述。

1. 亲社会性违规行为信度、效度的分析结果

亲社会性违规行为测量量表的 CITC 值、Cronbach's α 系数，以及探索性因子分析的计算结果如表 8-3 和表 8-4 所示。由表 8-3 可知，亲社会性违规行为量表的 13 个测量题项的 CITC 值均大于 0.30，删除任何一个题项都不能提高该量表的 Cronbach's α 系数。整个量表的内部一致性系数 Cronbach's α 为 0.902，提高效率维度的 Cronbach's α 系数为 0.727，帮助同事维度的 Cronbach's α 系数为 0.870，服务顾客维度的 Cronbach's α 系数为 0.862。以上结果表明，亲社会性违规行为量表的信度符合测量要求。

表 8-3　亲社会性违规行为的信度分析结果二（试测）

维度	题号	CITC	删除题项后的 Cronbach's α
	Q1-1	0.324	0.907
	Q1-2	0.429	0.902
提高效率	Q1-3	0.618	0.894
	Q1-4	0.621	0.894
	Q1-5	0.471	0.901
	Q1-6	0.694	0.890
帮助同事	Q1-7	0.668	0.892
	Q1-8	0.776	0.887
	Q1-9	0.727	0.889

维度	题号	CITC	删除题项后的 Cronbach's α
	Q1-10	0.629	0.893
服务顾客	Q1-11	0.760	0.887
	Q1-12	0.636	0.893
	Q1-13	0.586	0.895

由表 8-4 可知，亲社会性违规行为的 KMO 值为 0.885，大于 0.70，Bartlett 球形检验卡方值为 812.403，在 0.000 水平上显著，表明适合做因子分析。主成分因子分析法抽取出提高效率、帮助同事、服务顾客三个特征值大于 1 的因子，其值分别为 6.148、1.422、1.041；三个因子累计解释方差变异比例为 66.241%，13 个题项在各自因子上的载荷均大于 0.40，且不存在跨因子载荷题项。以上结果表明，亲社会性违规行为量表的效度符合测量要求。

表 8-4　亲社会性违规行为的探索性因子分析结果二（试测）

题号	因子载荷（提高效率）	因子载荷（帮助同事）	因子载荷（服务顾客）
Q1-1	**0.527**	0.320	0.139
Q1-2	**0.800**	0.023	0.133
Q1-3	**0.756**	0.305	0.138
Q1-4	**0.681**	0.285	0.311
Q1-5	**0.809**	0.056	0.273
Q1-6	0.392	**0.534**	0.389
Q1-7	0.201	**0.574**	0.341
Q1-8	0.395	**0.613**	0.320
Q1-9	0.342	**0.688**	0.197
Q1-10	0.101	0.112	**0.844**
Q1-11	0.244	0.216	**0.807**
Q1-12	0.256	0.086	**0.761**
Q1-13	0.138	0.186	**0.732**
KMO		0.885	
Bartlett 球形检验		812.403	
特征值	6.148	1.422	1.041
解释方差变异/%	47.291	10.940	8.010
累计解释方差变异/%		66.241	
sig.		0.000	

注：加粗提示测量题项所对应的因子。

2. 辱虐管理信度、效度的分析结果

计算辱虐管理初始量表的 CITC 值、Cronbach's α 系数，并进行探索性因子分析，分析结果如表 8-5 和表 8-6 所示。由表 8-5 可知，第 10 个测量题项的 CITC 值略高于 0.30，其他题项的 CITC 值都大于 0.50，量表整体的内部一致性系数 Cronbach's α 更是高达 0.906。上述分析结果表明，辱虐管理量表的信度基本符合测量要求。

表 8-5　辱虐管理的信度分析结果（试测）

题号	CITC	删除题项后的 Cronbach's α
Q2-1	0.519	0.903
Q2-2	0.722	0.890
Q2-3	0.661	0.893
Q2-4	0.675	0.893
Q2-5	0.804	0.885
Q2-6	0.825	0.883
Q2-7	0.754	0.887
Q2-8	0.786	0.887
Q2-9	0.688	0.892
Q2-10	0.335	0.920

表 8-6　辱虐管理的探索性因子分析结果（试测）

题号	因子载荷
Q2-1	0.595
Q2-2	0.798
Q2-3	0.730
Q2-4	0.737
Q2-5	0.861
Q2-6	0.881
Q2-7	0.835
Q2-8	0.852
Q2-9	0.767
Q2-10	0.481
KMO	0.894
Bartlett 球形检验	708.108
特征值	5.622
解释方差变异/%	56.218
sig.	0.000

由表 8-6 可知，辱虐管理的 KMO 值为 0.894，Bartlett 球形检验卡方值为 708.108，在 0.000 水平上显著，表明适合做因子分析。主成分因子分析法抽取出一个特征值大于 1 的因子，其值为 5.622；该因子解释方差变异比例为 56.218%，第 10 个测量题项的因子载荷低于 0.50，但是高于 0.40，其余 9 个题项的因子载荷都大于 0.50。上述分析结果表明，辱虐管理量表的效度基本符合测量要求。

3. 组织反认同信度、效度的分析结果

计算组织反认同的初始量表的 CITC 值、Cronbach's α 系数，并进行探索性因子分析，分析结果如表 8-7 和表 8-8 所示。由表 8-7 可知，组织反认同量表具有较高的信度水平，6 个测量题项的 CITC 值均大于 0.50，删除任何一个题项都不能提高量表整体的 Cronbach's α 系数。量表整体的内部一致性系数 Cronbach's α 高达 0.931，上述分析结果表明，组织反认同量表的信度符合测量要求。

表 8-7　组织反认同的信度分析结果（试测）

题号	CITC	删除题项后的 Cronbach's α
Q3-1	0.730	0.927
Q3-2	0.810	0.917
Q3-3	0.744	0.925
Q3-4	0.870	0.909
Q3-5	0.817	0.916
Q3-6	0.817	0.916

表 8-8　组织反认同的探索性因子分析结果（试测）

题号	因子载荷
Q3-1	0.808
Q3-2	0.872
Q3-3	0.820
Q3-4	0.916
Q3-5	0.878
Q3-6	0.880
KMO	0.896
Bartlett 球形检验	563.685
特征值	4.471
解释方差变异/%	74.516
sig.	0.000

由表 8-8 可知，组织反认同的 KMO 值为 0.896，Bartlett 球形检验卡方值为 563.685，在 0.000 水平上显著，表明适合做因子分析。主成分因子分析法抽取出一个特征值大于 1 的因子，其值为 4.471；该因子解释方差变异比例为 74.516%，6 个题项的因子载荷均大于 0.50。因此，这 6 个题项测量了同一个概念。据此，组织反认同量表的效度符合测量要求。

4. 长期结果考量信度、效度的分析结果

计算长期结果考量的初始量表的 CITC 值、Cronbach's α 系数，并进行探索性因子分析，分析结果如表 8-9 和表 8-10 所示。由表 8-9 可知，第 3 个测量题项的 CITC 值略低于 0.30，然而其他题项的 CICT 值都大于 0.30，且删除任何一个题项都不能提高量表的 Cronbach's α 系数，此外，量表整体的内部一致性系数 Cronbach's α 为 0.780，超过了 0.70 的临界值，综合考虑之后，认为该题项应该予以保留。以上结果表明，长期结果考量量表的信度基本符合测量要求。

表 8-9　长期结果考量的信度分析结果二（试测）

题号	CITC	删除题项后的 Cronbach's α
Q4-1	0.547	0.743
Q4-2	0.599	0.733
Q4-3	0.293	0.794
Q4-4	0.563	0.741
Q4-5	0.597	0.733
Q4-6	0.561	0.741
Q4-7	0.382	0.774

表 8-10　长期结果考量的探索性因子分析结果二（试测）

题号	因子载荷
Q4-1	0.711
Q4-2	0.744
Q4-3	0.419
Q4-4	0.712
Q4-5	0.740
Q4-6	0.718
Q4-7	0.534
KMO	0.806
Bartlett 球形检验	186.786
特征值	3.089
解释方差变异/%	44.129
sig.	0.000

从表 8-10 中可知，长期结果考量的 KMO 值为 0.806，Bartlett 球形检验卡方值为 186.786，在 0.000 水平上显著，表明适合做因子分析。主成分因子分析法抽取出一个特征值大于 1 的因子，其值为 3.089；该因子解释方差变异比例为 44.129%，7 个题项的因子载荷均大于 0.40。因此，长期结果考量量表的效度基本符合测量要求。

5. 共情信度、效度的分析结果

计算共情的初始量表的 CITC 值、Cronbach's α 系数，并进行探索性因子分析，分析结果如表 8-11 和表 8-12 所示。由表 8-11 可知，第 5 个测量题项的 CITC 值小于 0.30，其他测量题项的 CITC 值都高于 0.30，删除任何一项题项都不会提高整体的内部一致性系数，此外，整个量表的内部一致性系数 Cronbach's α 为 0.734。综合考虑之后，认为应该保留该测量题项。综上所述，共情量表的信度基本符合测量要求。

表 8-11　共情的信度分析结果二（试测）

题号	CITC	删除题项后的 Cronbach's α
Q5-1	0.549	0.676
Q5-2	0.501	0.689
Q5-3	0.610	0.667
Q5-4	0.462	0.699
Q5-5	0.255	0.752
Q5-6	0.372	0.719
Q5-7	0.430	0.706

由表 8-12 可知，共情的 KMO 值为 0.751，Bartlett 球形检验卡方值为 646.531，在 0.000 水平上显著，表明适合做因子分析。主成分因子分析法抽取出一个特征值大于 1 的因子，其值为 2.795；该因子解释方差变异比例为 39.932%，7 个题项在各自因子上的载荷均大于 0.40，且不存在跨因子载荷题项。以上分析结果表明，共情量表的效度基本符合测量要求。

表 8-12　共情的探索性因子分析结果二（试测）

题号	因子载荷
Q5-1	0.758
Q5-2	0.700
Q5-3	0.787
Q5-4	0.651

续表

题号	因子载荷
Q5-5	0.422
Q5-6	0.503
Q5-7	0.577
KMO	0.751
Bartlett 球形检验	646.531
特征值	2.795
解释方差变异/%	39.932
sig.	0.000

综上所述，试测问卷的统计分析结果表明，亲社会性违规行为、辱虐管理、组织反认同、长期结果考量和共情的测量量表均具有良好的信度水平，CITC 值和 Cronbach's α 基本上都能够满足临界标准的要求，不需要删除任何一个题项。探索性因子分析的结果同样符合测量要求，KMO 值基本上都大于 0.70，每个测量题项的因子载荷基本上都大于 0.40，而且不存在交叉载荷问题。鉴于此，在正式的问卷调研过程中，将继续使用试测问卷中的测量量表，无须删除、增加或修正任何一个测量题项。

三、样本数据概况

2013 年 12 月初～2014 年 3 月中旬，在深圳、广州、武汉三地的多家企事业单位进行了大规模的问卷调查，调查问卷的具体内容见附录二：辱虐管理与员工正向偏离行为关系调查问卷。此次问卷调查总计发放问卷 650 份，回收 515 份。按照相关要求，对问卷有效性进行初步检查，剔除无效问卷 83 份，最终保留 432 份合格问卷，问卷的有效回收率为 66.46%。从性别、年龄、学历、任职年限、职位等角度对有效样本进行统计性描述，具体情况如表 8-13 所示。

表 8-13　样本描述性统计二

控制变量	统计内容	频次/人	百分比/%	累计百分比/%
性别	男	248	58.8	58.8
	女	174	41.2	100
年龄	26～35 岁	245	57.1	57.1
	25 岁及以下	93	21.7	78.8
	36～45 岁	70	16.3	95.1
	46 岁及以上	21	4.9	100

续表

控制变量	统计内容	频次/人	百分比/%	累计百分比/%
学历	本科	230	53.7	53.7
	大专	91	21.3	75.0
	硕士	41	9.6	84.6
	高中/中专	37	8.6	93.2
	高中以下	26	6.1	99.3
	博士	2	0.5	99.8
	博士后	1	0.2	100
任职年限	1～3 年	169	39.9	39.9
	4～6 年	111	26.2	66.1
	0～1 年	44	10.4	76.5
	7～9 年	42	9.9	86.4
	15 年以上	34	8.0	94.4
	10～12 年	15	3.5	97.9
	13～15 年	9	2.1	100
职位	一般员工	256	62.1	62.1
	基层管理者	87	21.1	83.3
	中层管理者	41	10.0	93.2
	高层管理者	28	6.8	100
工作部门	生产	122	29.5	29.5
	行政人事	78	18.8	48.3
	研发	78	18.8	67.1
	其他	68	16.4	83.5
	销售和市场	38	9.2	92.7
	财务	30	7.3	100
企业性质	民营企业	243	58.7	58.7
	国有企业	102	24.6	83.3
	其他	27	6.5	89.8
	合资企业	21	5.1	94.9
	外资企业	21	5.1	100

1. 性别

从性别构成来看，除了缺省样本，在有效样本中有男性 248 人，约占 58.8%；

女性 174 人，约占 41.2%。男性样本的数量多于女性样本，两者的数量比例相对比较均衡。

2. 年龄

从年龄分布来看，除了缺省样本，在有效样本中 26～35 岁年龄段的人数最多，共计 245 人，约占样本总量的 57.1%；居于第二位的是 25 岁及以下的样本，共计 93 人，约占 21.7%；居于第三位的是年龄在 36～45 岁的样本，共计 70 人，约占 16.3%；46 岁及以上的样本数量最少，仅有 21 人，约占 4.9%。

3. 学历

从学历水平来看，除了缺省样本，在有效样本中本科学历的人数最多，共计 230 人，约占样本总量的 53.7%；其次是大专学历的样本，共计 91 人，约占样本总量的 21.3%；博士和博士后等高学历样本在总体中的人数比例极低，并且集中在研发型的高科技企业或一般企业的研发部门。

4. 任职年限

从任职年限来看，除了缺省样本，在有效样本中工作年限在 1～3 年的人数最多，共计 169 人，约占样本总量的 39.9%，任职年限在 4～6 年的人数共计 111 人，约占样本总量的 26.2%。综合来说，绝大部分样本的任职时间在 1～6 年，大约占了样本总量的 66.1%。以上数据表明，参与调研企业的员工流动较为容易，流动率较高，尤其是职场新人或年资尚浅的员工。这与国民经济发展的状况良好，企业对劳动力的需求较为旺盛，从而导致员工的就业机会较多，流动较为自由的现实状况颇为吻合。正如学历统计数据显示的，1/2 以上接受调查的员工都拥有大学本科及以上程度的学历，较高的学历背景、良好的社会经济条件为他们的自由择业创造了必要的内外部条件。

5. 职位

从职位分布来看，除了缺省样本，有效样本的绝大部分是一般员工，共有 256 人，约占样本总量的 62.1%；基层管理者的人数紧随其后，共有 87 人，约占 21.1%；中层管理者与高层管理者人数相对较少，其中，中层管理者 41 人，约占 10.0%；高层管理者有 28 人，约占 6.8%。

6. 工作部门

从工作部门的分布来看，除了缺省样本，有效样本所在的工作部门比较分散。生产部门样本人数最多，总计 122 人，约占 29.5%；其次是行政人事部门和研发部门，两个部门的样本人数都为 78 人，各约占 18.8%；销售和市场部门、财务部门的样本人数都略高于 30 人，所占比例分别为 9.2% 和 7.3%。

7. 企业性质

从企业性质来看，除了缺省样本，约 58.7% 的样本来自民营企业，总计 243人；来自国有企业的样本人数也较多，共有 102 人，约占 24.6%，来自合资企业和外资企业的样本人数持平，数量相对较少，均为 21 人，各约占 5.1%。

四、量表的信度、效度分析

（一）信度分析

表 8-14 是对亲社会性违规行为、辱虐管理、组织反认同、长期结果考量和共情的量表的信度分析的结果汇总。从表 8-14 中可以发现，亲社会性违规行为量表的 Cronbach's α 系数为 0.934，其中，提高效率维度的 Cronbach's α 系数为 0.845，帮助同事维度的 Cronbach's α 系数为 0.901，服务顾客维度的 Cronbach's α 系数为 0.895。辱虐管理量表的 Cronbach's α 系数为 0.934，组织反认同量表的 Cronbach's α 系数为 0.932，长期结果考量量表的 Cronbach's α 系数为 0.773，共情量表的 Cronbach's α 系数为 0.734。所有量表的 Cronbach's α 信度指标都达到了 0.70 的临界值水平，除长期结果考量和共情的量表之外，其他量表的 Cronbach's α 系数均在 0.80 以上，包括亲社会性违规行为的三个维度的分量表。以上结果表明，就量表信度来说，所有的变量量表都具有良好的内部一致性，符合测量要求。

表 8-14　信度分析结果二

构念	维度	Cronbach's α	
		构念	维度
亲社会性违规行为	提高效率		0.845
	帮助同事	0.934	0.901
	服务顾客		0.895
辱虐管理	—	0.934	—
组织反认同	—	0.932	—
长期结果考量	—	0.773	—
共情	—	0.734	—

（二）效度分析

1. 聚合效度分析

利用大规模问卷调查收集的数据，运用结构方程建模技术，并结合验证性因子分析方法，对亲社会性违规行为、辱虐管理、组织反认同、长期结果考量和共情的量表进行聚合效度检验，检验结果如下。

（1）亲社会性违规行为

亲社会性违规行为的测量题项的聚合效度检验结果如表 8-15 所示。亲社会性违规行为的测量模型的卡方和自由度的比值（$\chi^2/df=3.147$）小于 5，可以接受。GFI、AGFI、NFI、IFI 和 CFI 均大于 0.90，表明拟合程度良好。此外 RMSEA 小于 0.080，可以接受。以上分析结果表明，亲社会性违规行为测量模型的拟合优度指标都超过了临界标准。此外，各个维度与对应题项之间的标准化因子载荷（R）都在 0.001 水平下显著，且都高于 0.50 的临界值水平。亲社会性违规行为构念的平均化变异量抽取值是 0.6245，提高效率、帮助同事、服务顾客三个维度的平均化变异量抽取值分别为 0.5018、0.7154 和 0.6869，构念和维度的平均化变异量抽取值都超过了 0.50 的临界标准。综上所述，亲社会性违规行为测量题项的聚合效度符合测量要求。

表 8-15　亲社会性违规行为的聚合效度分析结果二

维度	题号	标准化因子载荷	平均化变异量抽取值	
			维度	构念
提高效率	Q1-1	0.668		
	Q1-2	0.656		
	Q1-3	0.756	0.5018	
	Q1-4	0.777		
	Q1-5	0.676		
帮助同事	Q1-6	0.826		
	Q1-7	0.886	0.7154	0.6245
	Q1-8	0.897		
	Q1-9	0.768		
服务顾客	Q1-10	0.837		
	Q1-11	0.885	0.6869	
	Q1-12	0.874		
	Q1-13	0.707		
拟合优度指标	$\chi^2/df=3.147$, GFI=0.940, AGFI=0.903, NFI=0.954, IFI=0.968, CFI=0.968, RMSEA=0.071			

（2）辱虐管理

辱虐管理的测量题项的聚合效度检验结果如表 8-16 所示。辱虐管理的测量模型的卡方和自由度的比值（$\chi^2/df=3.790$）小于 5，可以接受。GFI、AGFI、NFI、IFI 和 CFI 均大于 0.90，表明拟合程度良好。此外，RMSEA 处于 0.080 的临界值水平。以上分析结果表明，辱虐管理的测量模型的各项拟合优度指标都符合测量标准。此外，各个题项的标准化因子载荷均在 0.001 水平下显著，并且都高于 0.50 的临界值水平。辱虐管理的测量题项的平均化变异量抽取值为 0.6126，高于临界值 0.50。综上所述，辱虐管理的测量题项的聚合效度符合测量要求。

表 8-16　辱虐管理的聚合效度分析结果

题号	标准化因子载荷	平均化变异量抽取值
Q2-1	0.776	
Q2-2	0.637	
Q2-3	0.797	
Q2-4	0.882	
Q2-5	0.884	0.6126
Q2-6	0.914	
Q2-7	0.788	
Q2-8	0.693	
Q2-9	0.726	
Q2-10	0.678	
拟合优度指标	$\chi^2/df=3.790$, GFI=0.948, AGFI=0.905, NFI=0.967, IFI=0.976, CFI=0.976, RMSEA=0.080	

（3）组织反认同

组织反认同的测量题项的聚合效度检验结果如表 8-17 所示。组织反认同的测量模型的卡方和自由度的比值（$\chi^2/df=2.644$）小于 5，拟合程度较好。GFI、AGFI、NFI、IFI 和 CFI 均大于 0.90，表明拟合程度良好。此外，RMSEA 为 0.062，低于临界值水平。以上分析结果表明，组织反认同构念的测量模型的各项拟合优度指标都符合测量标准。此外，各个题项的标准化因子载荷均在 0.001 水平下显著。组织反认同的平均化变异量抽取值为 0.5077，高于临界值 0.50。综上所述，组织反认同的测量题项的聚合效度符合测量要求。

表 8-17　组织反认同的聚合效度分析结果

题号	标准化因子载荷	平均化变异量抽取值
Q3-1	0.611	
Q3-2	0.800	
Q3-3	0.727	0.5077
Q3-4	0.852	
Q3-5	0.762	
Q3-6	0.445	
拟合优度指标	χ^2/df=2.644，GFI=0.987，AGFI=0.961，NFI=0.991，IFI=0.995，CFI=0.995，RMSEA=0.062	

（4）长期结果考量

长期结果考量的测量题项的聚合效度检验结果如表 8-18 所示。长期结果考量的测量模型的卡方和自由度的比值（χ^2/df=3.104）小于 5，可以接受。GFI、AGFI、NFI、IFI 和 CFI 均大于 0.90，表明拟合程度良好。此外，RMSEA 小于 0.080，可以接受。以上分析结果表明，长期结果考量的测量模型的各项拟合优度指标都符合测量标准。此外，各个题项的标准化因子载荷均在 0.001 水平下显著，并且都高于 0.50 的临界值水平。长期结果考量的平均化变异量抽取值为 0.5027，略高于临界值 0.50。综上所述，长期结果考量的测量题项的聚合效度符合测量要求。

表 8-18　长期结果考量的聚合效度分析结果二

题号	标准化因子载荷	平均化变异量抽取值
Q4-1	0.500	
Q4-2	0.520	
Q4-3	0.506	
Q4-4	0.684	0.5027
Q4-5	0.825	
Q4-6	0.776	
Q4-7	0.565	
拟合优度指标	χ^2/df=3.104，GFI=0.975，AGFI=0.946，NFI=0.949，IFI=0.965，CFI=0.964，RMSEA=0.070	

（5）共情

共情的测量题项的聚合效度检验结果如表 8-19 所示。共情的测量模型的卡方和自由度的比值（χ^2/df=4.064）小于 5，可以接受。GFI、AGFI、NFI、IFI 和 CFI 均大于 0.90，表明拟合程度良好。此外，RMSEA 低于 0.080 的临界值水平。以上分析结果表明，共情的测量模型的各项拟合优度指标都符合测量标准。此外，各个题项的标准化因子载荷均在 0.001 水平下显著，并且都高于 0.50 的临界值水平。

共情的平均化变异量抽取值为 0.5039，高于临界值 0.50。综上所述，共情的测量题项的聚合效度符合测量要求。

表 8-19　共情的聚合效度分析结果二

题号	标准化因子载荷	平均化变异量抽取值
Q5-1	0.810	
Q5-2	0.689	
Q5-3	0.836	
Q5-4	0.667	0.5039
Q5-5	0.622	
Q5-6	0.653	
Q5-7	0.673	
拟合优度指标	χ^2/df=4.064, GFI=0.970, AGFI=0.931, NFI=0.925, IFI=0.942, CFI=0.941, RMSEA=0.074	

2. 区分效度分析

利用 AMOS21.0 统计软件，通过验证性因子分析法，对亲社会性违规行为、辱虐管理、组织反认同、长期结果考量和共情五个变量的区分效度进行检验。本书比较了五因子模型（亲社会性违规行为、辱虐管理、组织反认同、长期结果考量、共情）、四因子模型（共情与长期结果考量合并为一个因子）、三因子模型（组织反认同、共情、长期结果考量合并成一个因子）和单因子模型（全部五个变量合并为一个因子）四种测量模型的拟合情况，分析结果如表 8-20 所示。从表 8-20 中可见，在四种因子模型中，五因子模型拟合程度最佳，卡方与自由度（χ^2/df）之比小于 3，NFI、IFI、CFI、GFI 和 AGFI 都大于 0.90，RMSEA 值低于 0.07，这说明测量模型的整体拟合度十分理想；另外，五因子模型中的路径系数都在 0.60 以上，且均在 0.001 水平上显著。单因子模型、三因子模型、四因子模型的各项拟合指数都没有达到临界值水平。这说明五因子模型较好地反映了构念的实际情况，亲社会性违规行为、辱虐管理、组织反认同、长期结果考量和共情是五个不同的变量，五个变量之间具有良好的区分效度。

表 8-20　辱虐管理等的区分效度分析结果

模型	χ^2/df	RMSEA	NFI	IFI	CFI	GFI	AGFI
单因子模型	21.734	0.219	0.471	0.483	0.481	0.591	0.455
三因子模型	8.777	0.134	0.794	0.813	0.812	0.800	0.724
四因子模型	6.199	0.110	0.859	0.879	0.878	0.854	0.792
五因子模型	2.739	0.064	0.941	0.962	0.961	0.937	0.905

五、统计分析

（一）数据正态分布检验

对亲社会性违规行为、辱虐管理、组织反认同、长期结果考量和共情五个变量的测量题项的均值、标准差、偏度及峰度的统计描述如表 8-21 所示。从表 8-21 中可知，各个测量题项的数据分布并没有遵循严格的标准正态分布，然而，从总体上来看，偏度在 -0.377～2.868，峰度在 -0.696～4.930。但是当数据偏度的绝对值小于 3，峰度的绝对值小于 10 时，数据的非严格正态分布特性不会对参数估计结果造成显著影响（黄芳铭，2005）。因此，就正态分布特征而言，样本数据符合参数估计的基本要求。

表 8-21　均值、标准差、偏度及峰度描述二

题号	均值	标准差	偏度		峰度	
	统计量	统计量	统计量	标准误	统计量	标准误
Q1-1	2.98	1.205	0.323	0.117	-0.429	0.234
Q1-2	2.60	1.157	0.706	0.117	0.340	0.234
Q1-3	2.59	1.170	0.727	0.117	0.274	0.234
Q1-4	2.90	1.159	0.240	0.117	-0.546	0.234
Q1-5	2.98	1.151	0.151	0.117	-0.476	0.234
Q1-6	3.00	1.103	0.333	0.117	0.015	0.234
Q1-7	2.84	1.061	0.284	0.117	-0.083	0.234
Q1-8	2.79	1.092	0.630	0.117	0.607	0.234
Q1-9	2.82	1.100	0.306	0.117	-0.094	0.234
Q1-10	3.06	1.129	0.244	0.117	-0.328	0.234
Q1-11	2.96	1.115	0.346	0.117	-0.170	0.234
Q1-12	3.01	1.230	0.396	0.117	-0.302	0.234
Q1-13	2.88	1.190	0.463	0.117	-0.045	0.234
Q2-1	3.42	1.148	0.151	0.117	-0.041	0.234
Q2-2	2.75	1.274	0.482	0.118	-0.147	0.235
Q2-3	2.39	1.184	0.706	0.117	0.309	0.234
Q2-4	2.59	1.261	0.672	0.117	0.201	0.234
Q2-5	2.44	1.170	0.796	0.118	0.342	0.235
Q2-6	2.56	1.211	0.593	0.118	0.085	0.235
Q2-7	2.48	1.175	0.542	0.118	-0.002	0.235
Q2-8	2.46	1.203	0.666	0.117	-0.059	0.234

续表

题号	均值	标准差	偏度		峰度	
	统计量	统计量	统计量	标准误	统计量	标准误
Q2-9	2.25	1.135	0.858	0.118	0.397	0.235
Q2-10	2.69	1.289	0.567	0.118	−0.266	0.235
Q3-1	2.47	1.224	0.554	0.117	−0.273	0.234
Q3-2	2.15	1.148	0.782	0.118	0.084	0.235
Q3-3	2.30	1.290	0.651	0.117	−0.529	0.234
Q3-4	2.07	1.167	0.869	0.118	−0.004	0.235
Q3-5	2.32	1.240	0.730	0.117	0.005	0.234
Q3-6	2.36	1.576	2.868	0.117	4.930	0.234
Q4-1	3.58	1.151	−0.151	0.118	−0.054	0.235
Q4-2	3.43	1.117	0.059	0.117	−0.126	0.234
Q4-3	3.44	1.148	−0.160	0.118	−0.091	0.236
Q4-4	3.55	1.256	0.164	0.118	−0.696	0.235
Q4-5	3.61	1.245	0.055	0.118	−0.616	0.235
Q4-6	3.71	1.278	−0.038	0.118	−0.659	0.235
Q4-7	3.34	1.044	0.037	0.118	0.240	0.235
Q5-1	4.38	1.115	−0.209	0.117	−0.505	0.234
Q5-2	4.12	1.096	−0.102	0.117	−0.180	0.234
Q5-3	4.44	0.945	−0.272	0.118	0.360	0.235
Q5-4	4.32	1.063	−0.335	0.118	0.163	0.235
Q5-5	3.66	1.048	−0.018	0.118	0.196	0.235
Q5-6	4.14	1.012	−0.147	0.118	−0.102	0.235
Q5-7	4.11	0.996	−0.377	0.118	0.438	0.235

注：n=432；Q1-1～Q1-13 是亲社会性违规行为的测量题项，Q2-1～Q2-10 是辱虐管理的测量题项，Q3-1～Q3-6 是组织反认同的测量题项，Q4-1～Q4-7 是长期结果考量的测量题项，Q5-1～Q5-7 是共情的测量题项。

（二）同源方差分析

由于全部变量均由员工填答，所以可能导致严重的同源方差问题。为了验明样本数据的同源方差问题的严重性程度，采用 Harman 单因子检验法对亲社会性违规行为、辱虐管理、组织反认同、长期结果考量和共情进行了分析，共析出了 10 个特征值大于 1 的公因子，解释了总方差变异量的 81.355%，其中，解释力最大的公因子的特征值为 10.026，解释了总方差变异量的 23.871%，没有发生最大公因子方差贡献率特别大的情况。按照 Harman 单因子检验法的基本假定，样本数据虽然存在一些同源方差问题，但是并不严重，也不会对研究结果造成过多的干扰。

（三）研究变量在控制变量上的差异性分析

本书收集了员工的性别、学历、年龄、任职年限、职位、工作部门、企业性质等相关数据。为了识别上述变量是否能够影响到中介变量和因变量的变化，运用 SPSS22.0 统计软件进行了检验。对于不同类型的控制变量采取不同的检验方法，二分变量采用独立样本 T 检验法，多类别变量则采用单因素方差分析法。对于多类别控制变量，如果方差分析的 F 值显著，那么进一步进行事后比较，以此判断哪些控制变量的组别存在差异。

1. 关于性别的差异性分析

按照性别将员工分成男女两组，通过独立样本 T 检验法来判断两组员工的亲社会性违规行为和组织反认同是否存在显著差异。分析结果如表 8-22 所示，亲社会性违规行为通过了方差同质性检验，而组织反认同没有通过检验。均值比较的结果表明，男女员工的亲社会性违规行为存在显著差异，男性比女性表现出更多的亲社会性违规行为；男女员工的组织反认同感知也存在区别，男性员工的组织反认同感知水平略高于女性员工。根据以上分析结果，性别应该作为控制变量进入研究模型中。

表 8-22　性别对亲社会性违规行为及组织反认同的影响

变量	性别	n	mean	方差同质性		均值比较	
				sig.	是否齐性	sig.	是否相等
亲社会性违规行为	男	248	2.9373	0.457	是	0.04	否
	女	174	2.7662				
组织反认同	男	248	4.0467	0.020	否	0.054	否
	女	174	3.9330				

2. 关于学历的差异性分析

根据员工学历的不同将其划分为高中以下、高中/中专、大专、本科、硕士、博士和博士后七组，通过单因素方差分析法分析以上七组员工的亲社会性违规行为和组织反认同是否存在显著差别。分析结果如表 8-23 所示，亲社会性违规行为和组织反认同都通过了方差同质性检验。均值比较的结果表明，学历影响员工的组织反认同感知程度，却不会对员工的亲社会性违规行为产生影响。

表8-23　学历对亲社会性违规行为及组织反认同的影响

变量	学历	n	mean	方差同质性		均值比较	
				sig.	是否齐性	sig.	是否相等
亲社会性违规行为	高中以下	26	2.8202	0.587	是	0.277	是
	高中/中专	37	3.0946				
	大专	91	2.7984				
	本科	230	3.1346				
	硕士	41	2.8930				
	博士	2	2.7111				
	博士后	1	2.1923				
组织反认同	高中以下	26	3.7051	0.061	是	0.001	否
	高中/中专	37	4.0743				
	大专	91	4.0311				
	本科	230	4.5625				
	硕士	41	4.0583				
	博士	2	3.6626				
	博士后	1	4.1250				

采用 LSD 法对不同组别员工的组织反认同进行两两比较。由于博士后组（仅1人）和博士组（2人）员工人数过少，所以这两组员工不参与比较。高中以下、高中/中专、大专、本科、硕士学历五组员工的组织反认同的平均差异值及其显著性如表8-24所示。从表中可知，学历显著地影响员工的组织反认同感知程度，高中以下学历员工的组织反认同显著低于其他学历员工。鉴于此，学历应该作为控制变量进入研究模型中。

表8-24　组织反认同的平均差异值（学历）

学历	高中以下	高中/中专	大专	本科	硕士
高中以下	—				
高中/中专	−0.3852*	—			
大专	−0.3385*	0.0467	—		
本科	−0.3668*	0.0184	−0.0283	—	
硕士	0.0307	0.4160*	0.3692*	0.3976*	—

* $p < 0.05$。

3. 关于年龄的差异性分析

按照年龄不同将员工划分为 25 岁及以下、26～35 岁、36～45 岁、46 岁及以上四组，通过单因素方差分析法检验以上四组员工的亲社会性违规行为和组织反认同是否存在显著差别。分析结果如表 8-25 所示，亲社会性违规行为和组织反认同都通过了方差同质性检验。均值比较的结果表明，处于不同年龄阶段员工的组织反认同感知不存在显著差异，而亲社会性违规行为却具有显著差异。

表 8-25　年龄对亲社会性违规行为及组织反认同的影响

变量	年龄	n	mean	方差同质性		均值比较	
				sig.	是否齐性	sig.	是否相等
亲社会性违规行为	25 岁及以下	92	2.8094	0.060	是	0.022	否
	26～35 岁	241	2.9617				
	36～45 岁	66	2.6655				
	46 岁及以上	21	2.5714				
组织反认同	25 岁及以下	89	3.9223	0.398	是	0.350	是
	26～35 岁	239	4.0474				
	36～45 岁	69	3.9469				
	46 岁及以上	20	3.9542				

对不同组别员工的亲社会性违规行为进行两两比较，由于亲社会性违规行为通过了方差同质性检验，所以采用 LSD 法。25 岁及以下、26～35 岁、36～45 岁、46 岁及以上四组员工的亲社会性违规行为的平均差异值及其显著性如表 8-26 所示。从表中可知，年龄影响员工的亲社会性违规行为，年龄在 26～35 岁的员工的亲社会性违规行为要高于年龄在 36～45 岁的员工，也要高于年龄在 46 岁及以上的员工。鉴于此，年龄应该作为控制变量进入研究模型中。

表 8-26　亲社会性违规行为的平均差异值二（年龄）

年龄	25 岁及以下	26～35 岁	36～45 岁	46 岁及以上
25 岁及以下	—			
26～35 岁	−0.1523	—		
36～45 岁	0.1439	0.2962[*]	—	
46 岁及以上	0.2379	0.3903[*]	0.0941	—

*$p < 0.05$。

4. 关于任职年限的差异性分析

按照任职年限将员工划分为 0～1 年、1～3 年、4～6 年、7～9 年、10～12 年、13～15 年、15 年以上七组，通过单因素方差分析法检验任职年限是否显著影响员工的亲社会性违规行为和组织反认同。分析结果如表 8-27 所示，亲社会性违规行为和组织反认同都通过了方差同质性检验。均值比较的结果表明，任职年限没有对组织反认同感知产生显著影响，却对亲社会性违规行为具有显著影响。

表 8-27　任职年限对亲社会性违规行为及组织反认同的影响

变量	入职年限	n	mean	方差同质性		均值比较	
				sig.	是否齐性	sig.	是否相等
亲社会性违规行为	0～1 年	44	2.7832				
	1～3 年	165	2.9902				
	4～6 年	108	2.9209				
	7～9 年	42	2.5623	0.360	是	0.005	否
	10～12 年	15	2.9487				
	13～15 年	9	3.2222				
	15 年以上	32	2.4760				
组织反认同	0～1 年	43	3.9225				
	1～3 年	164	4.0086				
	4～6 年	108	3.9745				
	7～9 年	42	3.9563	0.547	是	0.617	是
	10～12 年	14	4.1845				
	13～15 年	9	4.2963				
	15 年以上	33	4.0581				

采用 LSD 法对不同组别员工的亲社会性违规行为进行两两比较。0～1 年、1～3 年、4～6 年、7～9 年、10～12 年、13～15 年、15 年以上七组员工的亲社会性违规行为的平均差异值及其显著性如表 8-28 所示。从表中可知，任职年限显著影响了亲社会性违规行为，任职年限在 1～3 年的员工与 7～9 年的员工，以及 15 年以上员工的亲社会性违规行为具有差异性；任职年限在 4～6 年的员工与 7～9 年的员工，以及 15 年以上员工的亲社会性违规行为也具有差异性；任职年限在 7～9 年的员工与 13～15 年的员工的亲社会性违规行为也具有差异性。鉴于此，任职年限应该作为控制变量进入研究模型中。

表 8-28　亲社会性违规行为的平均差异值二（任职年限）

任职年限	0~1 年	1~3 年	4~6 年	7~9 年	10~12 年	13~15 年	15 年以上
0~1 年	—						
1~3 年	-0.2070	—					
4~6 年	-0.1377	0.0693	—				
7~9 年	0.2210	0.4279*	0.3587*	—			
10~12 年	-0.1655	0.0415	-0.0278	-0.3865	—		
13~15 年	-0.4390	-0.2320	-0.3013	-0.6600*	-0.2735	—	
15 年以上	0.3073	0.5143*	0.4450*	0.0863	0.4728	0.7463*	—

*$p<0.05$。

5. 关于职位的差异性分析

根据员工所占据职位将其划分为一般员工、基层管理者、中层管理者、高层管理者四组，通过单因素方差分析法检验以上四组员工的亲社会性违规行为和组织反认同是否存在显著差别。分析结果如表 8-29 所示，组织反认同通过了方差同质性检验，亲社会性违规行为却没有通过检验。均值比较的结果表明，亲社会性违规行为和组织反认同感知都受到员工职位高低的显著影响。

表 8-29　职位对亲社会性违规行为及组织反认同的影响

变量	职位	n	mean	方差同质性		均值比较	
				sig.	是否齐性	sig.	是否相等
亲社会性违规行为	一般员工	250	2.8557	0.047	否	0.000	否
	基层管理者	85	2.8724				
	中层管理者	41	3.1370				
	高层管理者	28	2.2060				
组织反认同	一般员工	247	3.9845	0.132	是	0.003	否
	基层管理者	85	4.0961				
	中层管理者	40	4.1417				
	高层管理者	28	3.6280				

对不同组别员工的亲社会性违规行为及组织反认同进行两两比较，对亲社会性违规行为采取 Tamhane 法，对组织反认同则采取 LSD 法。对一般员工、基层管理者、中层管理者、高层管理者四组员工的分析结果如表 8-30 所示。从表中可知，不同职位员工的亲社会性违规行为和组织反认同都具有显著差异性，这说明职位高低对亲社会性违规行为和组织反认同均产生了影响。鉴于此，职位应该作为控

制变量进入研究模型中。

表 8-30　亲社会性违规行为、组织反认同的平均差异值（职位）

职位	一般员工		基层管理者		中层管理者		高层管理者	
	亲社会性违规行为	组织反认同	亲社会性违规行为	组织反认同	亲社会性违规行为	组织反认同	亲社会性违规行为	组织反认同
一般员工	—	—						
基层管理者	−0.0167	−0.1116	—	—				
中层管理者	−0.2813*	−0.1572	−0.2646	−0.0456	—	—		
高层管理者	0.6497*	0.3565*	0.6664*	0.4681*	0.9309*	0.5137*	—	—

*$p < 0.05$。

6. 关于工作部门的差异性分析

将来自不同工作部门的员工划分为生产、行政人事、销售和市场、财务、研发、其他六个小组，通过单因素方差分析法检验以上六组员工的亲社会性违规行为和组织反认同是否存在显著差异。分析结果如表 8-31 所示，亲社会性违规行为通过了方差同质性检验，组织反认同却没有通过检验。均值比较的结果表明，来自组织不同部门的员工，在亲社会性违规行为方面具有显著差异，但在组织反认同感知上没有显著区别。

表 8-31　工作部门对亲社会性违规行为及组织反认同的影响

变量	部门	n	mean	方差同质性		均值比较	
				sig.	是否齐性	sig.	是否相等
亲社会性违规行为	生产	119	2.9367				
	行政人事	75	2.6779				
	销售和市场	38	3.3279	0.358	是	0.001	否
	财务	30	3.0744				
	研发	76	2.7298				
	其他	67	2.7474				
组织反认同	生产	117	3.9658				
	行政人事	74	3.8119				
	销售和市场	37	4.0315	0.016	否	0.094	是
	财务	30	4.0417				
	研发	78	4.0972				
	其他	66	4.0442				

对不同组别员工的亲社会性违规行为进行两两比较，由于亲社会性违规行为方差是齐性的，所以采用 LSD 法进行比较。对生产、行政人事、销售和市场、财务、研发、其他等不同部门员工的亲社会性违规行为的检验结果如表 8-32 所示。结果表明，来自不同部门的员工具有不同程度的亲社会性违规行为。根据以上分析结果，工作部门应该作为控制变量进入研究模型中。

表 8-32　亲社会性违规行为的平均差异值二（工作部门）

工作部门	生产	行政人事	销售和市场	财务	研发	其他
生产	—					
行政人事	0.2587*	—				
销售和市场	−0.3913*	−0.6500*	—			
财务	−0.1377	−0.3964*	0.2536	—		
研发	0.2069	−0.0518	0.5982*	0.3446	—	
其他	0.1892	−0.0695	0.5805*	0.3269	−0.0177	—

*$p < 0.05$。

7. 关于企业性质的差异性分析

根据不同的企业性质，将员工划分为国有企业、民营企业、合资企业、外资企业、其他性质企业员工五组，通过单因素方差分析法检验企业性质是否显著影响亲社会性违规行为和组织反认同。分析结果如表 8-33 所示，亲社会性违规行为和组织反认同感知都通过了方差同质性检验，均值比较的结果表明，来自不同性质企业的员工表现出不同程度的亲社会性违规行为。

表 8-33　企业性质对亲社会性违规行为及组织反认同的影响

变量	企业性质	n	mean	方差同质性		均值比较	
				sig.	是否齐性	sig.	是否相等
亲社会性违规行为	国有企业	100	2.7569				
	民营企业	237	2.9292				
	合资企业	21	2.2418	0.182	是	0.001	否
	外资企业	21	3.2125				
	其他	26	2.7692				
组织反认同	国有企业	97	4.0275	0.065	是	0.126	是
	民营企业	237	4.0165				

续表

变量	企业性质	n	mean	方差同质性		均值比较	
				sig.	是否齐性	sig.	是否相等
组织反认同	合资企业	21	3.6468	0.065	是	0.126	是
	外资企业	21	4.0119				
	其他	27	4.0772				

对不同组别员工的亲社会性违规行为进行两两比较，由于亲社会性违规行为方差是齐性的，所以采用 LSD 法。表 8-34 描述的是 LSD 法的分析结果。来自不同类型企业员工的亲社会性违规行为具有显著差异。鉴于此，企业性质应该作为控制变量进入研究模型中。

表 8-34　亲社会性违规行为的平均差异值二（企业性质）

企业性质	国有企业	民营企业	合资企业	外资企业	其他
国有企业	—				
民营企业	−0.1723	—			
合资企业	0.5152*	0.6875*	—		
外资企业	−0.4555*	−0.2832	−0.9707*	—	
其他	−0.0123	0.1600	−0.5275*	0.4432	—

*$p < 0.05$。

六、研究结果

（一）描述性统计与相关性分析

表 8-35 是对大样本数据的描述性统计的分析结果，包括变量的均值、标准差、两两之间的 Pearson 相关系数。由表 8-35 可知，亲社会性违规行为与辱虐管理显著负相关（$r = -0.466$，$p < 0.001$），为 H1 提供了一定支持。辱虐管理与组织反认同显著正相关（$r = 0.334$，$p < 0.001$），为 H2 提供了一定支持。此外，表 8-35 的相关性分析还表明，亲社会性违规行为与组织反认同显著负相关（$r = -0.219$，$p < 0.001$），长期结果考量与亲社会性违规行为显著正相关（$r = 0.152$，$p < 0.001$）。

表8-35　描述性统计和相关系数矩阵二

变量	均值	标准差	1	2	3	4	5	6	7	8	9	10	11	12
1. 学历	3.54	1.018	—											
2. 年龄	2.04	0.758	0.014	—										
3. 任职年限	2.95	1.591	0.039	0.721**	—									
4. 性别	1.41	0.493	0.144**	0.037	0.176**	—								
5. 职位	1.61	0.920	0.257**	0.210**	0.145**	0.061	—							
6. 工作部门	3.16	1.911	0.283***	0.034	0.077	0.077	-0.204***	—						
7. 企业性质	2.10	1.039	0.065	0.072	0.059	0.045	-0.069	0.208***	—					
8. 亲社会性违规行为	4.5159	0.6548	0.019	0.093*	0.101*	0.093*	0.066	-0.015	-0.001	—				
9. 辱虐管理	2.5742	0.9559	-0.059	0.032	-0.003	-0.084*	0.015	-0.113*	-0.005	-0.466***	—			
10. 组织反认同	3.2020	0.9475	0.138**	-0.044	0.007	0.034	0.168***	-0.036	0.070	-0.219***	0.334***	—		
11. 长期结果考量	3.5229	0.7692	-0.096*	-0.041	-0.089*	-0.114**	-0.125**	0.117**	0.025	0.152**	-0.305**	-0.480***	—	
12. 共情	4.1658	0.6421	0.043	0.098*	0.099*	-0.032	0.008	0.001	-0.015	-0.039	-0.090*	-0.041	-0.019	—

注：n=432，单尾检验。

*p<0.05；**p<0.01；***p<0.001。

（二）研究模型一分析结果

1. 辱虐管理与亲社会性违规行为

根据表 8-36 模型 2，辱虐管理与亲社会性违规行为显著负相关（$\beta=-0.543$，$p<0.001$），这说明上级的辱虐管理对下属的亲社会性违规行为具有显著的负向影响。由此可见，H1 得到支持。

表 8-36　辱虐管理与亲社会性违规行为的回归分析结果

变量	亲社会性违规行为	
	模型 1	模型 2
控制变量		
学历	0.011	−0.066
年龄	−0.022	0.034
任职年限	0.119	0.076
性别	0.053	0.014
职位	0.084	0.060
工作部门	0.076	−0.035
企业性质	0.013	0.028
自变量		
辱虐管理		−0.543***
ΔR^2	0.032	0.288
ΔF	1.851	145.309***
R^2	0.032	0.308
Adjusted R^2	0.015	0.292
F	1.851	19.372***

注：$n=432$，单尾检验。

***$p<0.001$。

2. 辱虐管理与组织反认同

H2a 提出，上级辱虐管理对员工组织反认同具有正向影响。根据表 8-37 的模型 2，组织反认同与辱虐管理显著正相关（$\beta=0.366$，$p<0.001$），这说明辱虐管理对下属的组织反认同具有显著的正向影响。由此可见，H2a 得到支持。

表 8-37 组织反认同与亲社会性违规行为的回归分析结果

变量	组织反认同		亲社会性违规行为		
	模型 1	模型 2	模型 3	模型 4	模型 5
控制变量					
学历	0.057	0.080	−0.022	−0.066	−0.030
年龄	−0.164*	−0.169*	0.036	0.034	−0.040
任职年限	0.094	0.100	0.071	0.076	0.152*
性别	0.049	0.077	0.052	0.014	0.014
职位	0.179*	0.178**	0.053	0.060	0.111*
工作部门	−0.023	0.006	0.003	−0.035	0.056
企业性质	0.084	0.091	0.028	0.028	0.043
自变量					
辱虐管理		0.366***		−0.543***	−0.477***
中介变量					
组织反认同					−0.118**
ΔR^2	0.056	0.131	0.019	0.288	0.003
ΔF	3.024**	57.336***	0.978	145.309***	115.026***
R^2	0.056	0.186	0.019	0.308	0.311
Adjusted R^2	0.037	0.168	0.000	0.292	0.293
F	3.024**	10.230***	0.978	19.372***	17.419***

注：n=432，单尾检验。

*p＜0.05；**p＜0.01；***p＜0.001。

3. 组织反认同在辱虐管理与亲社会性违规行为之间的中介作用

H2b 提出，员工组织反认同在上级辱虐管理与员工正向偏离行为的关系中起到中介作用。首先，根据 Baron 和 Kenny（1986）的依次检验系数法，分三步验证组织反认同的中介效应，验证步骤及结果如表 8-37 所示。第一步，放入控制变量，然后用自变量（辱虐管理）解释中介变量（组织反认同）。如表 8-37 中模型 2 所示，辱虐管理与组织反认同显著正相关（β=0.366，p＜0.001），说明辱虐管理会对员工的组织反认同感产生显著的正向影响。第二步，考察自变量（辱虐管理）对因变量（亲社会性违规行为）的解释力度。分析结果见表 8-37 中模型 4（β=−0.543，p＜0.001），显然自变量可以显著地解释因变量的变化。第三步，让自变量和中介变量同时进入回归模型，然后考察自变量对因变量的解释力度的变化情况。如表 8-37 中的模型 3 所示，在排除控制变量的影响，并考虑中介变量（组织反认同）影响的条件下，辱虐管理对亲社会性违规行为仍然具有显著的负向影响（β=−0.477，p＜0.001），然而，与没有将组织反认同纳入回归模型时比较，辱虐管理对亲社会性违规行为的影响效力有所减弱。由于此时组织反认同对亲社会性违规行为也具有显著的负向影响（$\beta=-0.118$，$p<0.01$），以上检验结果表明，组织反认同在上级的辱虐管理与员工的亲社会性违规行为之间发挥部分中介作用。根据上述分析结果，H2b 得到部分支持。

　　为了提高中介效应的统计效度，还进行了中介效应 Sobel 检验。在统计学家 Preacher 的个人主页上，提供了计算 Sobel 值的渠道[①]，输入 a 值、b 值，以及 ab 各自的标准误，就可以得到相应的 Sobel 值。本书采用该计算工具，得到的 Sobel 为 -2.4079（$p<0.01$），显著不为零，故中介效应成立，H2 再次得到支持。

　　以上分析结果表明，研究模型一提出的组织反认同在辱虐管理与员工正向偏离行为两者之间的中介作用得到了部分验证。

（三）研究模型二分析结果

　　研究模型二考察了长期结果考量的调节作用，需要解决的问题主要有两个方面：第一，长期结果考量对辱虐管理与亲社会性违规行为两者关系的调节作用；第二，长期结果考量对组织反认同与亲社会性违规行为两者关系调节作用。本书采用回归分析方法检验长期结果考量对辱虐管理与亲社会性违规行为关系的调节效应，以及长期结果考量对组织反认同与亲社会性违规行为的调节效应。在计算乘积项之前对自变量和调节变量进行了中心化处理。分析结果如表 8-38 所示。

表 8-38　长期结果考量的调节作用回归分析结果

变量	亲社会性违规行为				
	模型 1	模型 2	模型 3	模型 4	模型 5
控制变量					
学历	0.011	0.133*	0.125*	0.024	0.026
年龄	−0.022	0.001	−0.001	−0.055	−0.064
任职年限	0.119	0.102*	0.108*	0.134	0.135
性别	0.053	0.042	0.059	0.075	0.065
职位	0.084	0.008	0.007	0.129	0.149
工作部门	0.076	−0.042	−0.037	0.056	0.058
企业性质	0.013	−0.030	−0.036	0.032	0.028

---

① Preacher K J，Leonardelli G J. Calculation for the sobel test：An interactive calculation tool for mediation tests. http://quaNtpsy.org/sobel/sobel.htm.

续表

变量	亲社会性违规行为				
	模型 1	模型 2	模型 3	模型 4	模型 5
自变量					
辱虐管理		-0.559^{***}	-0.529^{***}		
组织反认同				-0.234	-0.233^{***}
调节项					
长期结果考量		-0.006	0.009	0.080	0.090
辱虐管理×长期结果考量			0.118^{**}		
组织反认同×长期结果考量					0.115^{*}
ΔR^2	0.032	0.303	0.013	0.071	0.013
ΔF	1.851	45.026^{***}	7.655^{**}	15.629^{***}	5.633^{*}
R^2	0.032	0.334	0.347	0.102	0.115
Adjusted R^2	0.015	0.319	0.330	0.082	0.093
F	1.851	22.071^{***}	20.964^{***}	5.019^{***}	5.133^{***}

注：n=432，单尾检验。

$*p<0.05$；$**p<0.01$；$***p<0.001$。

H3a 提出，长期结果考量调节了辱虐管理与员工正向偏离行为之间的负相关关系。从表 8-38 中的模型 3 可以发现，辱虐管理和长期结果考量的乘积项对亲社会性违规行为有显著正向影响（$\beta=0.118$，$p<0.01$）。以上分析结果表明，与假设方向一致，长期结果考量对辱虐管理与亲社会性违规行为之间的负向关系起到弱化作用。调节作用的具体情况如图 8-4 所示。从图中可以观察到，随着领导对员

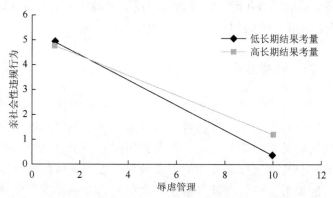

图 8-4　长期结果考量对辱虐管理与亲社会性违规行为关系的调节作用

工辱虐程度的不断提高，与关注行为短期利益的员工相比较，重视长远利益的员工的亲社会性违规行为减少得更慢一些。

H3b 提出长期结果考量调节了组织反认同与员工正向偏离行为之间的负相关关系。从表 8-38 中的模型 5 可以发现，组织反认同和长期结果考量的乘积项显著影响亲社会性违规行为（$\beta=0.115$，$p<0.05$）。以上结果表明，与假设方向一致，长期结果考量弱化了组织反认同与亲社会行为违规行为之间的负向关系。长期结果考量对组织反认同与亲社会性违规行为关系的调节作用如图 8-5 所示。从图中可以发现，随着员工对组织的反认同感知越来越强烈，与关注短期结果的员工相比较，关注未来结果的员工的亲社会行为违规行为减少得更慢一些。

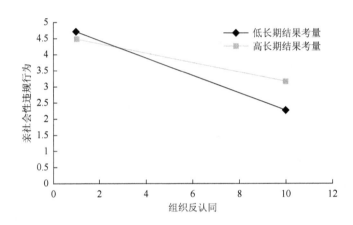

图 8-5　长期结果考量对组织反认同与亲社会性违规行为关系的调节作用

以上分析结果表明，研究模型二提出的长期结果考量对辱虐管理与员工正向偏离行为之间关系的调节作用，以及对组织反认同与员工正向偏离行为之间关系的调节作用都得到实证检验的支持，研究模型二完全成立。

（四）研究模型三分析结果

研究模型三考察了共情的调节作用，需要解决的问题主要有两个方面：第一，共情对辱虐管理与亲社会性违规行为关系的调节作用；第二，共情对辱虐管理与组织反认同关系的调节作用。本书采用回归分析方法检验了共情倾向对辱虐管理与亲社会性违规行为关系的调节效应，以及共情倾向对辱虐管理与组织反认同关系的调节效应。在计算乘积项之前对自变量和调节变量进行了中心化处理。分析结果见表 8-39。

表 8-39　共情的调节作用回归分析结果

变量	亲社会性违规行为			组织反认同		
	模型 1	模型 2	模型 3	模型 4	模型 5	模型 6
控制变量						
学历	0.011	−0.042	−0.043	0.058	0.090	
年龄	−0.022	−0.021	−0.024	−0.184*	−0.183*	0.095
任职年限	0.119	0.136*	0.137*	0.076	0.081	−0.169*
性别	0.053	−0.011	−0.011	0.081	0.106	0.079
职位	0.084	0.107*	0.110*	0.187	0.182**	0.106*
工作部门	0.076	0.041	0.044	−0.070	−0.046	0.170**
企业性质	0.013	−0.008	−0.006	0.094	0.095	−0.060
自变量						
辱虐管理		−0.556***	−0.555***		0.359***	0.351***
调节项						
共情		−0.010	−0.010		−0.054	−0.056
辱虐管理×共情			−0.032			0.139**
ΔR^2	0.032	0.302	0.001	0.072	0.131	0.019
ΔF	1.851	80.835***	0.526	3.991***	29.180***	8.611**
R^2	0.032	0.335	0.336	0.072	0.203	0.222
Adjusted R^2	0.015	0.319	0.318	0.054	0.183	0.200
F	1.851	19.961***	17.994***	3.991***	10.078***	10.125***

注：n=432，单尾检验。

*$p<0.05$；**$p<0.01$；***$p<0.001$。

H4a 提出员工共情调节了辱虐管理与正向偏离行为之间的负相关关系。如表 8-39 中模型 3 所示，辱虐管理和共情的乘积项对员工亲社会性违规行为没有显著影响（β=−0.032，$p>0.5$）。这表明共情无法调节辱虐管理与员工亲社会性违规行为之间的负向关系。

H4b 提出员工共情正向调节了辱虐管理与组织反认同感之间的正相关关系。从表 8-39 中的模型 6 可以发现，辱虐管理和共情的乘积项显著地影响了员工的组织反认同感知（β=0.139，$p<0.01$）。以上结果表明，与假设方向一致，共情强化

了辱虐管理对组织反认同的正向影响，具体的调节情况如图 8-6 所示。从图中可以发现，随着上级主管对下属员工的辱虐程度逐渐加重，当员工个体的共情倾向较高时，他们的组织反认同感增加得较快；当员工个体的共情倾向较低时，组织反认同感上升速度反而较慢。

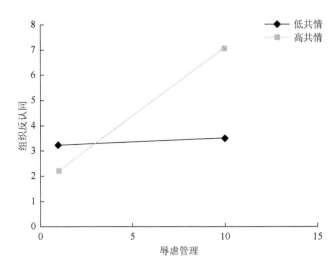

图 8-6　共情对辱虐管理与组织反认同关系的调节作用

以上分析结果表明，研究模型三提出的共情倾向对辱虐管理与员工正向偏离行为之间关系的调节作用没有得到支持，对辱虐管理与组织反认同之间关系的调节作用得到支持，研究模型三部分成立。

七、结果讨论

本节运用 432 份样本数据对辱虐管理影响员工正向偏离行为的结果及其作用机制进行了实证检验，分析结果如下所述。

第一，对于员工正向偏离行为而言，上级的辱虐管理是一种会带来负面影响的不利因素。具体地讲，上级的辱虐管理与员工的正向偏离行为之间的负相关关系显著，H1 得到了样本数据的支持。这在一定程度上支持了以往研究的结论（Zellars et al., 2002；Mitchell and Ambrose, 2007），并证实了 Vadera 等（2013）对辱虐管理的负面效应的预期。负面领导行为对员工正向偏离行为造成妨碍，其原因可能主要在于，当上级领导对下属施以语言等形式的精神伤害时，下属对上级及其代表的工作环境产生惧怕感，这严重削弱了他们面对工作时的勇气和智慧，他们将倾向于循规蹈矩地履行自己的工作职责，而不是适时打破组织规则，从而创造出更优秀的工作绩效或表现出更恰当的行为。

　　第二，在辱虐管理影响员工正向偏离行为的过程中，组织反认同发挥了一定的作用。具体而言，首先，上级辱虐管理对员工的组织反认同具有显著的正向影响。其次，组织反认同在上级辱虐管理与员工正向偏离行为的关系中发挥部分中介作用。这个结果尽管与预期的假设略有不一致，但证实了辱虐管理既可以直接作用于员工正向偏离行为，也可以部分地通过组织反认同感传递其影响力。反认同意味着"认同其反面"，所以对组织反认同的员工为了维持认知一致性，可能会漠视组织的长远利益，甚至暗自期盼组织发展得不好，为了实现这一目标，他们会对工作采取玩世不恭的态度，不主动承担责任、不积极思考，盲目地表面上完全无异议地执行组织规则（马力等，2011）。

　　第三，本章提出正向偏离行为代表了一种员工个人的短期牺牲会给他们自己及所属组织带来长期利益的情境，以此为前提，建构了基于社会困境视角的调节作用模型，考察了长期结果考量和共情对辱虐管理、组织反认同及正向偏离行为三者关系的调节作用。研究结果与假设基本上保持一致。正如调节作用的假设所预期的：对于长期结果考量倾向较低者，辱虐管理将对其正向偏离行为发挥较强的抑制效应，此外，对长期结果考量倾向较低者来说，他们对组织的反认同感也会对其正向偏离行为造成更加显著的负面影响。相反地，对于共情倾向较高者，上级的辱虐行为会更加强烈地激发他们对组织的反认同感，然而，员工的共情倾向对辱虐管理与其正向偏离行为之间的关系却没有显著的影响。

　　本章小结：本章首先提出了研究模型一、研究模型二、研究模型三，以及相关的研究假设。然后，采用问卷调查研究方法，对研究模型及假设进行了检验。研究结果显示，研究模型二中的调节作用假设完全成立，研究模型一中的中介作用假设部分成立，其他假设也成立，研究模型三中的调节作用假设部分成立。假设检验结果的具体情况如表 8-40 所示。

表 8-40　假设验证结果汇总二

序号	假设内容	验证结果
H1	上级辱虐管理行为负向影响员工的正向偏离行为	支持
H2a	上级辱虐管理对员工组织反认同具有正向影响	支持
H2b	员工组织反认同在上级辱虐管理与员工正向偏离行为的关系中起到中介作用	部分支持
H3a	员工长期结果考量倾向在上级辱虐管理与员工正向偏离行为的关系中起到调节作用，即员工的长期结果考量倾向可以缓解上级辱虐管理所带来的员工正向偏离行为的减少	支持

序号	假设内容	验证结果
H3b	员工长期结果考量在员工组织反认同与正向偏离行为的关系中起到调节作用，即员工的长期结果考量倾向可以缓解员工组织反认同所带来的正向偏离行为的减少	支持
H4a	员工共情在上级辱虐管理与员工正向偏离行为的关系中起到调节作用，即员工的共情倾向可以缓解上级辱虐管理所带来的员工正向偏离行为的减少	不支持
H4b	员工共情在上级辱虐管理与员工组织反认同的关系中起到调节作用，即员工的共情倾向可以加剧上级辱虐管理所带来的员工组织反认同感知的增加	支持

第九章　结　　论

本书综合多个领域的理论成果，以个体层面的企业员工为调研对象，针对伦理型领导、辱虐管理对员工正向偏离行为的影响效应、作用机制以及边界条件等问题展开了系统而深入的分析。通过对上述问题深入地探究，得到了以下六个方面的结论。

第一，伦理型领导能够促进员工正向偏离行为。领导的道德特质及行为，包括他们的正直、公平、可信，给予了员工安全感和信心，激发了员工建设性越轨的信念；他们对员工的关爱与支持，引发了员工的信任和忠诚，作为回报，当组织规则对实现组织利益造成妨碍时，员工愿意不惜以身试险打破规则。该结论为人们关于"好"领导对员工"好"行为具有正向激励作用的认知提供了科学证据，当组织拥有一位伦理型领导时，他们能够通过自身的伦理行为和道德决策，激发员工的正面知觉及行为。尤其在中国社会，人们一直认为领导者应该做到"德才兼备"，因此，员工对领导的伦理特质和道德行为尤为敏感，领导者的道德行为在较大程度上决定了他们对员工的影响力的强弱（郭玮等，2012）。因此，倡导管理者践行伦理型领导行为，是实现高绩效领导的重要基础。

第二，伦理型领导通过心理授权对员工正向偏离行为产生正向影响。本书考察了心理授权的四个维度对伦理型领导与员工正向偏离行为之间关系的中介作用，结果表明自我决定、自我效能和工作影响均完全中介伦理型领导对员工正向偏离行为的影响。国内外研究均证实，伦理型领导对个体的心理授权具有积极影响（赵瑜等，2015；Zhu et al.，2004），本书再次验证了这个结论。然而，本书与以往研究的不同之处在于，探讨了心理授权的四个维度而不是构念本身与伦理型领导的关系，另外，还挖掘出新的结果变量——员工正向偏离行为。

第三，辱虐管理将会抑制员工正向偏离行为。当领导持续对员工实施语言性或非语言性虐待时，会给员工造成心理困扰，并需要员工消耗心理资源去应付困扰，从而占用了员工用于行使正向偏离行为的资源，因此辱虐式领导的员工较少表现出正向偏离行为。这为人们关于"坏"领导对员工"好"行为具有负向抑制作用的认知提供了科学的证明，辱虐管理危害员工的思想及行为，管理者应该竭力避免。由于文化传统、产业结构、劳动力素质等诸多原因，大部分中国企业目前并不能彻底消灭辱虐管理。在这种情形下，对辱虐管理的负面后果做到心中有数，尤为重要。只有先让组织管理人员从思想上认识到辱虐管理对员工的组织知觉及积极行为的负面影响，才能引发行为方面的修正，并最终实现知行合一。

第四，辱虐管理通过组织反认同对员工正向偏离行为产生负向影响。组织反认同在辱虐管理与员工正向偏离行为之间发挥部分中介的作用。这表明领导向员工施加的辱虐会伤害员工情感，破坏彼此关系，导致员工对领导产生负面知觉。这种负面知觉还会向外"溢出"，使员工对整个组织产生反认同，进而抑制员工的正向偏离行为。在以往的研究中，Burris 等（2008）发现辱虐管理破坏员工关于组织的认知及情感，使得他们对组织产生心理背离感。本书不仅再次验证了上述结论，而且揭示出辱虐管理导致员工减少正向偏离行为的心理中介机制是组织反认同，在组织反认同感的驱动下，员工不再愿意为了实现组织利益而承担额外风险和个人损失。此外，这也印证了吴维库等（2012）的研究结论，辱虐管理首先改变员工的心理状态，进而影响员工的行为表现。

第五，本书首次尝试运用社会困境理论来分析员工正向偏离行为，探索性地提出了"员工正向偏离行为是一种社会困境下的合作行为"的论断，并对这一论断的合理性从理论层面进行了论证。这将社会困境理论融入员工行为研究中，整合了两个领域的研究成果，为正向偏离行为的后续研究提供了思路。更加重要的是，拓展了社会困境理论的内涵和解释边界，从只能解释特定情境下的行为决策发展为可以解释一般性的行为决策。

第六，长期结果考量和共情对员工正向偏离行为、组织反认同具有调节作用。本书建构了基于社会困境视角的调节机制模型，探讨了长期结果考量和共情对伦理型领导、辱虐管理作用过程的影响。根据权变领导理论，领导有效性是领导者、被领导者以及环境三方交互作用的结果（王辉，2008），被领导者的性格、能力、价值取向等是决定领导效力高低的关键要素，本书对深化基于权变思想的领导行为理论研究具有积极贡献。本书的研究结果显示，在面对相似的上级辱虐行为时，具有不同个性特征的员工会做出不同的反应，高长期结果考量倾向员工受负面环境因素的影响相对较少，而低长期结果考量倾向员工更容易被外部环境左右，高共情倾向员工虽然不如高长期结果考量员工的表现那么理想，但是他们也能够抵挡一部分负面环境因素的不利影响。因此，在招聘和选拔员工的过程中，选择具有高长期结果考量倾向和高共情倾向的个体将是一种降低辱虐管理的负面影响的有效措施。

参 考 文 献

宝贡敏，徐碧祥. 2006. 组织认同理论研究述评. 外国经济与管理，28（1）：39-45.

陈晓萍，徐淑英，樊景立. 2012. 组织与管理的实证方法. 2 版. 北京：北京大学出版社：338-339.

陈永霞，贾良定，李超平，等. 2006. 变革型领导、心理授权与员工的组织承诺：中国情景下的实证研究. 管理世界，1：96-105.

董维维，庄贵军. 2013. 营销渠道中人际关系到跨组织合作关系人情的调节作用. 预测，32（1）：17-22.

段锦云. 2012. 家长式领导对员工建言行为的影响：心理安全感的中介机制. 管理评论，24（10）：109-116.

弗雷德·鲁森斯. 2009. 组织行为学. 王垒，姚翔，童佳瑾等，译. 北京：人民邮电出版社：424-426.

高维和，黄沛，江晓东. 2012. 人际沟通与企业间关系：心理契约的中介作用. 管理评论，24（4）：124-132.

郭玮，李燕萍，杜旌，等. 2012. 多层次导向的真实型领导对员工与团队创新的影响机制研究. 南开管理评论，15（3）：51-60.

何立，李锐，凌文辁. 2013. 组织内亲社会性违规行为研究现状与展望. 外国经济与管理，35（6）：43-51.

侯杰泰，温忠麟，成子娟. 2004. 结构方程模型及其应用. 北京：教育科学出版社.

侯珂，邹泓，蒋索. 2005. 社会人格取向的成人依恋研究. 心理科学进展，13（5）：640-650.

胡华敏. 2008. 两难情景中合作行为的社会理性研究——社会认定及其作用机制. 杭州：浙江大学博士学位论文.

黄芳铭. 2005. 结构方程模型：理论与应用. 北京：中国税务出版社.

寇彧，徐华女. 2005. 移情对亲社会行为决策的两种功能. 心理学探新，25（95）：73-77.

雷巧玲，赵更申，段兴民. 2006. 不同文化导向下心理授权对组织承诺影响的实证研究：基于知识型员工的观点. 南开管理评论，9（6）：13-19.

李超平，时勘. 2005. 变革型领导的结构与测量. 心理学报，37（6）：803-811.

李超平，李晓轩，时勘，等. 2006. 授权的测量及其与员工工作态度的关系. 心理学报，38（1）：99-106.

李红，刘洪. 2014. 组织中的正向偏离行为研究回顾与展望. 外国经济与管理，36（8）：45-52.

李楠楠，陈伟娜，凌文辁. 2009. 组织中的不当督导及相关研究. 心理科学进展，17（5）：1051-1058.

梁建. 2014. 道德领导与员工建言：一个调节-中介模型的构建与检验. 心理学报，46（2）：252-264.

梁建，唐京. 2009. 员工合理化建议的多层次分析：来自本土连锁超市的证据. 南开管理评论，12（3）：125-134.

凌俐，陆昌勤. 2007. 心理授权研究的现状. 心理科学进展，15（4）：652-658.

刘聪慧，王永梅，俞国良，等. 2009. 共情的相关理论评述及动态模型探新. 心理科学进展，
　　17（5）：964-972.

刘军，吴隆增，林雨. 2009. 应对辱虐管理：下属逢迎与政治技能的作用机制研究. 南开管理评
　　论，12（2）：52-58.

刘军，王未，吴维库. 2013. 关于恶意归因倾向与组织自尊作用机制的研究. 管理学报，10（2）：
　　199-205.

刘亚，龙立荣，李晔. 2003. 组织公平感对组织效果变量的影响. 管理世界，3：126-132.

卢文岱. 2010. SPSS 统计分析. 4 版. 北京：电子工业出版社.

路红，凌文辁，方俐洛. 2012. 破坏性领导：国外负面领导研究综述. 管理学报，9（11）：
　　1718-1724.

罗世辉，汤雅云. 2003. 内外控人格特质与授权赋能认知对工作满足之影响——以金融保险业为
　　例. 人力资源管理学报，3（1）：1-19.

马力，焦捷，陈爱华，等. 2011. 通过法则关系区分员工对组织的认同与反认同. 心理学报，
　　43（3）：322-337.

彭秀芳. 2006. 大学生移情结构及其与积极人格、亲社会行为的关系研究. 北京：首都师范大学
　　硕士学位论文.

荣泰生. 2010. AMOS 与研究方法. 2 版. 重庆：重庆大学出版社：82.

谭恩达，邹颖敏，何家俊，等. 2011. 共情与主观幸福感情绪调节的中介作用. 中国临床心理学
　　杂志，19（5）：672-674.

谭亚莉，廖建桥，王淑红. 2013. 工作场所员工非伦理行为研究述评与展望. 外国经济与管理，
　　34（3）：40-48.

涂乙冬，陆欣欣，郭玮，等. 2014. 道德型领导者得到了什么？道德型领导、团队平均领导-部
　　属交换及领导者收益. 心理学报，46（9）：1378-1379.

万红艳. 2013. 组织认同研究新进展：基本概念及其形成、整合机制. 心理与行为研究，11（3）：
　　425-432.

王国锋，黄宛凌，钟燕宜. 2013. 以台湾服务业为视角的自我牺牲型领导与下属亲社会行为研究.
　　管理学报，10（9）：1309-1315.

王辉. 2008. 组织中的领导行为. 北京：北京大学出版社：35.

王金良，张大均. 2011. 心理授权研究进展. 心理科学，34（3）：598-601.

王天辉，汤超颖，李智，等. 2011. 销售人员情绪劳动策略、移情与销售绩效的实证研究. 科技
　　管理研究，21：138-143.

魏钧，张得. 2006. 人格特质对授权感知的调节效应研究. 统计研究，1：46-50.

温忠麟，张雷，侯杰泰，等. 2004. 中介效应检验程序及其应用. 心理学报，36（5）：614-620.

吴隆增，曹昆鹏，陈苑仪，等. 2011. 变革型领导行为对员工建言行为的影响研究. 管理学报，
　　8（1）：61-80.

吴维库，王未，刘军，等. 2012. 辱虐管理心理安全感知与员工建言. 管理学报，9（1）：57-63.

闫志英，张奇勇，杨晓岚. 2012. 共情对助人倾向的影响人格的调节作用. 中国临床心理学杂志，
　　20（6）：858-860.

张凤凤，董毅，汪凯，等. 2010. 中文版人际反应指针量表（IRI-C）的信度及效度研究. 中国临

床心理学杂志，18（2）：155-157.

张文慧，王辉. 2009. 长期结果考量、自我牺牲精神与领导授权赋能行为：环境不确定性的调节作用. 管理世界，6：115-123.

张笑峰，席酉民. 2014. 伦理型领导：起源、维度、作用与启示. 管理学报，11（1）：142-148.

张莹瑞，佐斌. 社会认同理论及其发展. 2006. 心理科学进展，14（3）：475-480.

赵瑜，莫申江，施俊琦. 2015. 高压力工作情境下伦理型领导提升员工工作绩效和满意感的过程机制研究. 管理世界，8：120-131.

郑伯埙，黄敏萍. 2000. 华人企业组织的领导：一项文化价值的分析. 中山管理评论，8（4）：583-617.

周建涛，廖建桥. 2012. 为何中国员工偏好沉默. 商业经济与管理，253（11）：71-81.

周建涛，廖建桥. 2013. 能者多言：员工建言的一个权变模型. 管理学报，10（5）：685-692.

Aiken L S，West S G. 1991. Multiple Regression：Testing and Interpreting Interactions. Newbury Park：Sage.

Akey T M，Marquis J G，Ross M E. 2000. Validation of scores on the psychological empowerment scale：A measure of empowerment for parents of children with a disability. Educational and Psychological Measurement，60（3）：419-438.

Albert S，Whetten D A. 1985. Organizational identity//Cummings L L，Staw B M. Research in Organizational Behavior. Greenwich：JAI Press，7：263-295.

Aryee S，Chen Z X. 2006. Leader-member exchange in a Chinese context：Antecedents，the mediating role of psychological empowerment and outcomes. Journal of Business Research，59（7）：793-801.

Aryee S，Chen Z X，Sun L Y，et al. 2007. Antecedents and outcomes of abusive supervision：Test of a trickle-down model. Journal of Applied Psychology，92（1）：191-201.

Aryee S，Sun L Y，Chen Z X，et al. 2008. Abusive supervision and contextual performance：The mediating role of emotional exhaustion and the moderating role of work unit structure. Management and Organization Review，4（3）：393-411.

Ashford S J，Rothbard N P，Piderit S k，et al. 1998. Out on a limb：The role of context and impression management in selling gender-equity issues. Administrative Science Quarterly，43（1）：23-57.

Ashforth B E，Mael F. 1989. Social identity theory and the organization. Academy of Management Review，14（1）：20-39.

Ashforth B E，Joshi M，Anand V，et al. 2013. Extending the expanded model of organizational identification to occupations. Journal of Applied Social Psychology，43（12）：2426-2448.

Avery D R，Quiñones M A. 2002. Disentangling the effects of voice：The incremental roles of opportunity，behavior，and instrumentality in predicting procedural fairness. Journal of Applied Psychology，87（1）：81-86.

Avey J B，Palanski M E，Walumbwa F O. 2011. When leadership goes unnoticed：The moderating role of follower self-esteem on the relationship between ethical leadership and follower behavior. Journal of Business Ethics，98（4）：573-582.

Avolio B J，Zhu W C，Koh W，et al. 2004. Transformational leadership and organizational commitment: Mediating role of psychological empowerment and moderating role of structural distance. Journal of Organizational Behavior, 25 (8): 951-968.

Baer M. 2012. Putting creativity to work: The implementation of creative ideas in organizations. Academy of Management Journal, 5 (5): 1102-1119.

Balliet D, Ferris D L. 2013. Ostracism and prosocial behavior: A social dilemma perspective. Organizational Behavior and Human Decision Processes, 120 (2): 298-308.

Bamberger P A, Bacharach S B. 2006. Abusive supervision and subordinate problem drinking: Taking resistance, stress and subordinate personality into account. Human Relations, 59 (6): 723-752.

Bandura A. 1986. Social foundations of thought and action: A social cognitive theory. Englewood Cliffs: Prentice Hall.

Bandura A. 1991. Social cognitive theory of self-regulation. Organizational Behavior and Human Decision Processes, 50 (2): 248-287.

Bandura A. 1997. Self-Efficacy: The Exercise of Control. New York: Freeman.

Bandura A. 2001. Social cognitive theory: An agentic perspective. Annual Review of Psychology, 52: 1-26.

Bandura A, Locke E A. 2003. Negative self-efficacy and goal effects revisited. Journal of Applied Psychology, 88 (1): 87-99.

Baron R M, Kenny D A. 1986. The moderator-mediator distinction in social psychological research: Conceptual, strategic, and statistical considerations. Journal of Personality and Social Psychology, 51 (6): 1173-1182.

Bass B M. 1985. Leadership and Performances beyond Expectations. New York: The Free Press.

Bass B M. 1995. Theory of transformational leadership redux. The Leadership Quarterly, 6 (4): 463-478.

Bass B M, Avolio B J. 1990. Developing transformational leadership: 1992 and beyond. Journal of European Industrial Training, 14 (5): 21-27.

Bass B M, Avolio B J. 1996. Multifactor Leadership Questionnaire. Palo Alto: Consulting Psychologists Press.

Bateman T S, Crant J M. 1993. The proactive component of organizational behavior: A measure and correlates. Journal of Organizational Behavior, 14 (2): 103-118.

Batson C D, Chang J, Orr R, et al. 2002. Empathy, attitudes, and action: Can feeling for a member of a stigmatized group motivate one to help the group? Personality and Social Psychology Bulletin, 28 (12): 1656-1666.

Baumeister R F, Bratslavsky E, Finkenauer C, et al. 2001. Bad is stronger than good. Review of General Psychology, 5 (4): 323-370.

Becker H S. 1963. Outsiders: Studies in the Sociology of Deviance. New York: Free Press.

Beggan J K, Messick D M, Allison S T. 1988. Social values and egocentric bias: Two tests of the might over morality hypothesis. Journal of Personality and Social Psychology, 55 (4): 606-611.

Bennett R J, Robinson S L. 2000. Development of a measure of workplace deviance. Journal of

Applied Psychology, 85 (3): 349-360.

Bhal K T, Dadhich A. 2011. Impact of ethical leadership and leader-member exchange on whistle blowing: The moderating impact of the moral intensity of the issue. Journal of Business Ethics, 103 (3): 485-496.

Bierhoff H W, Klein R, Kramp P. 1991. Evidence for the altruistic personality from data on accident research. Journal of Personality, 59 (2): 263-280.

Bono J E, Judge T A. 2003. Self-concordance at work: Toward understanding the motivational effects of transformational leaders. Academy of Management Journal, 46 (5): 554-571.

Bowling N A. 2010. Effects of job satisfaction and conscientiousness on extra-role behaviors. Journal of Business and Psychology, 25 (1): 119-130.

Brewer M B. 1991. The social self: On being the same and different at the same time. Personality and Social Psychology Bulletin, 17 (5): 475-482.

Brewer M B, Kramer R M. 1986. Choice behavior in social dilemmas: Effects of social identity, group size, and decision framing. Journal of Personality and Social Psychology, 50 (3): 543-549.

Brown M E. 2007. Misconceptions of ethical leadership: How to avoid potential pitfalls. Organizational Dynamics, 36 (2): 140-155.

Brown M E, Treviño L K. 2006. Ethical leadership: A review and future directions. The Leadership Quarterly, 17 (6): 595-616.

Brown M E, Treviño L K, Harrison D A. 2005. Ethical leadership: A social learning perspective for construct development and testing. Organizational Behavior and Human Decision Processes, 97 (2): 117-134.

Bryant P C, Davis C A, Hancock J I, et al. 2010. When rule makers become rule breakers: Employee level outcomes of managerial prosocial rule breaking. Employee Responsibilities and Rights Journal, 22 (2): 101-112.

Burns J M. 1978. Leadership. New York: Haper & Row.

Burris E R, Detert J R, Chiaburu D S. 2008. Quitting before leaving: The mediating effects of psychological attachment and detachment on voice. Journal of Applied Psychology, 93 (4): 912-922.

Burton J P, Hoobler J M, Scheuer M L. 2012. Supervisor workplace stress and abusive supervision: The buffering effect of exercise. Journal of Business and Psychology, 27 (3): 271-279.

Bushman B J, Bonacci A M, Pedersen W, et al. 2005. Chewing on it can chew you up: Effects of rumination on triggered displaced aggression. Journal of Personality and Social Psychology, 88 (6): 969-983.

Chen G. 2005. Newcomer adaptation in teams: Multilevel antecedents and outcomes. Academy of Management Journal, 48 (1): 101-116.

Chen G, Klimoski R J. 2003. The impact of expectations on newcomer performance in teams as mediated by work characteristics, social exchanges, and empowerment. Academy of Management Journal, 46 (5): 591-607.

Chen Z X, Eisenberger R, Johnson K M, et al. 2009. Perceived organizational support and extra-role performance: Which leads to which? The Journal of Social Psychology, 149（1）: 119-124.

Cheney G, Tompkins P K. 1987. Coming to terms with organizational identification and commitment. Central States Speech Journal, 38（1）: 1-15.

Cheryl K S, Michael D M. 2011. Situational impacts on leader ethical decision-making. The Leadership Quarterly, 22（5）: 942-955.

Chiu R K. 2003. Ethical judgment and whistle-blowing intention: Examining the moderating role of locus of control. Journal of Business Ethics, 43（1-2）: 65-74.

Coffin B. 2003. Breaking the silence on white collar crime. Risk Management, 50（6）: 8-15.

Colella A, Varma A. 2001. The impact of subordinate disability on leader-member exchange relationship. Academy of Management Journal, 44（2）: 304-315.

Colquitt J A. 2001. On the dimensionality of organizational justice: A construct validation of a measure. Journal of Applied Psychology, 86（3）: 386-400.

Conger J A, Kanungo R N. 1987. Toward a behavioral theory of charismatic leadership in organizational settings. Academy of Management Review, 12（4）: 637-647.

Conger J A, Kanungo R N. 1988. The empowerment process: Integrating theory and practice. Academy of Management Review, 13（3）: 81-105.

Conger J A, Kanungo R N. 1998. Charismatic leadership in organizations. Thousand Oaks: Sage Publications.

Conger J A, Kanungo R N, Menon S T. 2000. Charismatic leadership and follower effects. Journal of Organizational Behavior, 21（7）: 747-767.

Connor-Smith J K, Flachsbart C. 2007. Relations between personality and coping: A meta-analysis. Journal of Personality and Social Psychology, 93（6）: 1080-1107.

Crant J M. 2000. Proactive behavior in organizations. Journal of Management, 26（3）: 435-462.

Crant J M, Kim T Y, Wang J. 2011. Dispositional antecedents of demonstration and usefulness of voice behavior. Journal of Business and Psychology, 26（3）: 285-297.

Dahling J J, Chau S L, Mayer D M, et al. 2012. Breaking rules for the right reason? An investigation of prosocial rule breaking. Journal of Organizational Behavior, 33（1）: 21-42.

Davis M H. 1983. Measuring individual differences in empathy: Evidence for a multi-dimensional approach. Journal of Personality and Social Psychology, 44（1）: 113-126.

Dawes R M. 1980. Social dilemmas. Annual Review Psychology, 31: 169-193.

De Cremer D, Van Vugt M. 1999. Social identification effects in social dilemmas: A transformation of motives. European Journal of Social Psychology, 29（7）: 871-893.

De Cremer D, Snyder M, Dewitte S. 2001. "The less I trust, the less I contribute（or not? ）": The effects of trust, accountability, and self-monitoring in social dilemmas. European Journal of Social Psychology, 31（1）: 93-107.

De Dreu C K W, Van Lange P A M. 1995. The impact of social value orientations on negotiator cognition and behavior. Personality and Social Psychology Bulletin, 21（11）: 1178-1188.

De Dreu C K W, Nauta A. 2009. Self-Interest and other-orientation in organizational behavior: Implications for job performance, prosocial behavior, and personal initiative. Journal of Applied

Psychology, 94 (4): 913-926.

De Hoogh A H B, Den Hartog D N. 2008. Ethical and despotic leadership, relationships with leader's social responsibility, top management team effectiveness and subordinates' optimism: A multi-method study. The Leadership Quarterly, 19 (3): 297-311.

De Kwaadsteniet E W, Van Dijk E, Wit A, et al. 2006. Social dilemmas as strong versus weak situations: Social value orientation and tacit coordination under resource size uncertainty. Journal of Experimental Social Psychology, 42 (4): 509-516.

De Stobbeleir K E M, Ashford S J, Buyens D. 2011. Self-regulation of creativity at work: The role of feedback-seeking behavior in creative performance. Academy of Management Journal, 54 (4): 811-831.

Decety J, Jackson P L. 2006. A social-neuroscience perspective on empathy. Current Directions In Psychological Science, 15 (2): 54-58.

Deci E L. 1976. Theory and meta theory of intrinsic motivation. Organizational Behavior and Human Performance, 15 (1): 130-145.

Deci E L, Connell J P, Ryan R M. 1989. Self-determination in a work organization. Journal of Applied Psychology, 74 (4): 580-590.

Detert J R, Burris E R. 2007. Leadership behavior and employee voice: Is the door really open? . Academy of Management Journal, 50 (4): 869-884.

Detert J R, Treviño L K. 2010. Speaking up to higher-ups: How supervisors and skip level leaders influence employee voice. Organization Science, 21 (1): 249-270.

Duffy M K, Ganster D C, Pagon M. 2002. Social undermining in the workplace. Academy of Management Journal, 45 (2): 331-351.

Dukerich J M, Kramer R, McLean P J. 1998. The dark side of organizational identification//Whetten D A, Godfrey P C. Identity in Organizations: Building Theory through Conversations Thousand Oaks: Sage Publications: 245-256.

Dupré K E, Inness M, Connelly C E, et al. 2006. Workplace aggression in teenage part-time employees. Journal of Applied Psychology, 91 (5): 987-997.

Dutton J E, Glynn M. 2008. Positive Organizational Scholarship//Cooper C, Barling J. Handbook of Organizational Behavior. Los Angeles: Sage Publications: 693-711.

Dutton J E, Dukerich J M, Harquail C V. 1994. Organizational images and member identification. Administrative Science Quarterly, 39 (2): 239-263.

Dutton J E, Ashford S J, O'Neill R M, et al. 1997. Reading the wind: How middle managers assess the context for selling issues to managers. Strategic Management Journal, 18 (5): 407-425.

Edwards M R. 2005. Organizational identification: A conceptual and operational review. International Journal of Management Reviews, 7 (4): 207-230.

Eisenberg N, Strayer J. 1987. Critical Issues in the Study of Empathy//Eisenberg N, Strayer J. Empathy and its Development. New York: Cambridge University Press: 3-13.

Eisenberger R, Armeli S, Rexwinkel B, et al. 2001. Reciprocation of perceived organizational support. Journal of Applied Psychology, 86 (1): 42-51.

Elsbach K D, Bhattacharya C B. 2001. Defining who you are by what you're not: Organizational disidentification and the national rifle association. Organization Science，12（4）：393-413.

Enderle G. 1987. Some perspectives of managerial ethical leadership. Journal of Business Ethics，6（8）：657-663.

Farmer S，Tierney P，Kung-Mcintyre K. 2003. Employee creativity in Taiwan：An application of role identity theory. Academy of Management Journal，46（5）：618-630.

Feshbach N D，Feshbach S. 1982. Empathy training and the regulation of aggression：Potentialities and limitations. Academic Psychology Bulletin，4（3）：399-413.

Frese F，Fay D，Hilburger T，et al. 1997. The concept of personal initiative：Operationalization，reliability and validity in two German samples. Journal of Occupational and Organizational Psychology，70（2）：139-161.

Fritz C，Sonnentag S. 2009. Antecedents of day-level proactive behavior：A look at job stressors and positive affect during the workday. Journal of Management，35（1）：94-111.

Fry L W. 2003. Toward a theory of spiritual leadership. The Leadership Quarterly，14（6）：693-727.

Fulmer R M. 2004. The challenge of ethical leadership. Organizational Dynamics，33（3）：307-317.

Gächter S，Fehr E. 1999. Collective action as a social exchange. Journal of Economic Behavior and Organization，39（4）：341-369.

Gagné M，Deci E L. 2005. Self-determination theory and work motivation. Journal of Organizational Behavior，26（4）：331-362.

Galperin B L. 2002. Determinants of deviance in the workplace：An empirical examination of Canada and Mexico. Montreal：Concordia University.

Galperin B L，Burke R J. 2006. Uncovering the relationship between workaholism and workplace destructive and constructive deviance：An exploratory study. The International Journal of Human Resource Management，17（2）：331-347.

George J M，Zhou J. 2001. When openness to experience and conscientiousness are related to creative behavior：An interactional approach. Journal of Applied Psychology，86（3）：513-524.

Gibney R，Zagenczyk T，Fuller J B，et al. 2011. Exploring organizational obstruction and the expanded model of organizational identification. Journal of Applied Social Psychology，41（5）：1083-1109.

Gilboa S，Shirom A，Fried Y，et al. 2008. A meta-analysis of work demand stressors and job performance：Examining main and moderating effects. Personnel Psychology，61（2）：227-271.

Grant A M，Ashford S J. 2008. The dynamics of proactivity at work//Brief A P，Staw B M. Research in Organizational Behavior. Greenwich：JAI Press，28：3-34.

Grühn D，Rebucal K，Diehl M，et al. 2008. Empathy across the adult life span：Longitudinal and experience-sampling findings. Emotion，8（6）：753-765.

Hall D T，Schneider B，Nygren H T. 1970. Personal factors in organizational identification. Administrative Science Quarterly，15（2）：176-190.

Harris K J，Kacmar K M，Zivnuska S. 2007. An investigation of abusive supervision as a predictor of performance and the meaning of work as a moderator of the relationship. The Leadership Quarterly，18（3）：252-263.

Harris K J，Harvey P，Kacmar K M. 2011. Abusive supervisory reactions to coworker relationship conflict. The Leadership Quarterly, 22 (5): 1010-1023.

Harris K J, Harvey P, Harris R B, et al. 2013. An investigation of abusive supervision, vicarious abusive supervision, and their joint impacts. The Journal of Social Psychology, 153 (1): 38-50.

Harvey P, Stoner J, Hochwarter W, et al. 2007. Coping with abusive supervision: The neutralizing effects of ingratiation and positive affect on negative employee outcomes. Leadership Quarterly, 18 (2): 264-280.

Heider F. 1958. The Psychology of Interpersonal Relations. New York: Wiley.

Hepworth W, Towle A. 2004. The effects of individual differences and charismatic leadership on workplace aggression. Journal of Occupational Health Psychology, 9 (2): 176-185.

Hirst G, Van Dick R, Van Knippenberg D. 2009. A social identity perspective on leadership and employee creativity. Journal of Organizational Behavior, 30 (7): 963-982.

Hoffman M L. 2002. How automatic and representational is empathy, and why. Behavioral and Brain Sciences, 25 (1): 38-39.

Hoobler J M, Brass D J. 2006. Abusive supervision and family undermining as displaced aggression. Journal of Applied Psychology, 91 (5): 1125-1133.

House R J, Spangler W D, Woycke J. 1991. Personality and charisma in the United-States presidency: A psychological theory of leader effectiveness. Administrative Science Quarterly, 36 (3): 364-396.

Hung H K, Yeh R S, Shiha H Y. 2012. Voice behavior and performance ratings: The role of political skill. International Journal of Hospitality Management, 31 (2): 442-450.

Inness M, Barling J, Turner N. 2005. Understanding supervisor-targeted aggression: A within-person, between-jobs design. Journal of Applied Psychology, 90 (4): 731-739.

Janssen O. 2004. The barrier effect of conflict with superiors in the relationship between employee empowerment and organizational commitment. Work & Stress, 18 (1): 56-65.

Janssen O. 2005. The joint impact of perceived influence and supervisor supportiveness on employee innovative behavior. Journal of Occupational and Organizational Psychology, 78 (4): 573-579.

Janssen O, Vries T D, Cozijnsen A J. 1998. Voicing by adapting and innovating employees: An empirical study on how personality and environment interact to affect voice behavior. Human Relations, 51 (7): 945-967.

Joireman J A, Van Lange P M, Van Vugt M. 2004. Who cares about the environmental impact of cars? Those with an eye toward the future. Environment and Behavior, 36 (2): 187-206.

Joireman J, Kamdar D, Daniels D, et al. 2006a. Good citizens to the end? it depends: Empathy and concern with future consequences moderate the impact of a short-term time horizon on organizational citizenship behaviors. Journal of Applied Psychology, 91 (6): 1307-1320.

Joireman J, Daniels D, George-Falvy J, et al. 2006b. Organizational citizenship behaviors as a function of empathy, consideration of future consequences, and employee time horizon: An initial exploration using an in-basket simulation of OCBs. Journal of Applied Social Psychology, 36 (9): 2266-2292.

Joireman J，Balliet D，Sprott D，et al. 2008. Consideration of future consequences，ego-depletion，and self-control：Support for distinguishing between CFC-Immediate and CFC-Future sub-scales. Personality and Individual Differences，45（1）：15-21.

Joireman J，Shaffer M J，Balliet D，et al. 2012. Promotion orientation explains why future-oriented people exercise and eat healthy：Evidence from the two-factor consideration of future consequences-14. Personality and Social Psychology Bulletin Scale，38（10）：1272-1287.

Kahn W A. 1990. Psychological conditions of personal engagement and disengagement at work. Academy of Management Journal，33（4）：692-724.

Kalshoven K，Den Hartog D N，De Hoogh A H B. 2011. Ethical leadership at work questionnaire （ELW）：Development and validation of a multidimensional measure. The Leadership Quarterly，22（1）：51-69.

Karp D，Jin N，Yamagishi T，et al. 1993. Raising the minimum in the minimal group paradigm. The Japanese Journal of Experimental Social Psychology，32（3）：231-240.

Kelley H H，Stahelski A J. 1970. Social interaction basis of cooperators' and competitors' beliefs about others. Journal of Personality and Social Psychology，16（1）：66-91.

Kerr N L. 1983. Motivation losses in small groups：A social dilemma analysis. Journal of Personality and Social Psychology，45（4）：819-828.

Kerr N L，Bruun S E. 1983. Dispensability of member effort and group motivation losses：Free-rider effects. Journal of Personality and Social Psychology，44（1）：78-94.

Khuntia R，Suar D. 2004. A scale to assess ethical leadership of Indian private and public sector managers. Journal of Business Ethics，49（1）：13-26.

Kiazad K，Restubog S L D，Zagenczyk T J，et al. 2010. In pursuit of power：The role of authoritarian leadership in the relationship between supervisors' Machiavellianism and subordinates' perceptions of abusive supervisory behavior. Journal of Research in Personality，44（4）：512-519.

Kiewitz C，Restubog S L D，Zagenczyk T J，et al. 2012. Sins of the parents：Self-control as a buffer between supervisors' previous experience of family undermining and subordinates' perceptions of abusive supervision. The Leadership Quarterly，23（5）：869-882.

Kim B，George R T. 2005. The relationship between leader-member exchange（LMX）and psychological empowerment：A quick casual restaurant employee correlation study. Journal of Hospitality & Tourism Research，29（4）：468-483.

Kirton M. 1980. Adaptors and innovators in organizations. Human Relations，33（4）：213-222.

Koberg C S，Boss R W，Senjem J C，et al. 1999. Antecedents and outcomes of empowerment：Empirical evidence from the health care industry. Group & Organization Management，24（1）：71-91.

Kraimer M L，Seibert S E，Liden R C. 1999. Psychological empowerment as a multidimensional construct：A test of construct validity. Educational and Psychological Measurement，59（1）：127-142.

Kreiner G E，Ashforth B E. 2004. Evidence toward an expanded model of organizational identification. Journal of Organizational Behavior，25（1）：1-27.

Lai J Y M, Chan K W, Lam L W. 2013. Defining who you are not: The roles of moral dirtiness and occupational and organizational disidentification in affecting casino employee turnover intention. Journal of Business Research, 66 (9): 1659-1666.

Laschinger H K S, Finegan J E, Shamian J, et al. 2004. A longitudinal analysis of the impact of workplace empowerment on work satisfaction. Journal of Organizational Behavior, 25 (4): 527-545.

Lazarus R S, Folkman S. 1987. Transactional theory and research on emotions and coping. European Journal of Personality, 1 (3): 141-169.

LeBoeuf R A. 2002. Alternating Selevs and Conflicting Choices: Identity Salience and Preference Inconsistency. Princeton: Princeton University.

LePine J A, Van Dyne L. 1998. Predicting voice behavior in work groups. Journal of Applied Psychology, 83 (6): 853-868.

LePine J A, Van Dyne L. 2001. Voice and cooperative behavior as contrasting forms of contextual performance: Evidence of differential relationships with Big Five personality characteristics and cognitive ability. Journal of Applied Psychology, 86 (2): 326-336.

LePine J A, Erez A, Johnson D E. 2002. The nature and dimensionality of organizational citizenship behavior: A critical review and meta-analysis. Journal of Applied Psychology, 87 (1): 52-65.

Levinson H. 1965. Reciprocation: The relationship between man and organization. Administrative Science Quarterly, 9 (4): 370-390.

Liang J, Farh C I C, Farh Jiing-Lih. 2012. Psychological antecedents of promotive and prohibitive voice: A two-wave examination prohibitive voice: A two-wave examination. Academy of Management Journal, 55 (1): 71-92.

Liao H, Liu D, Loi R. 2010. Looking at both sides of the social exchange coin: A social cognitive perspective on the joint effects of relationship quality and differentiation on creativity. Academy of Management Journal, 53 (5): 1090-1109.

Liden R C, Wayne S J, Sparrowe R T. 2000. An examination of the mediating role of psychological empowerment on the relations between the job, interpersonal relationships, and work outcome. Journal of Applied Psychology, 85 (3): 407-416.

Liu D, Chen X P, Yao X. 2011. From autonomy to creativity: A multilevel investigation of the mediating role of harmonious passion. Journal of Applied Psychology, 96 (2): 294-309.

Liu D, Liao H, Loi R. 2012. The dark side of leadership: A three-level investigation of the cascading effect of abusive supervision on employee creativity. Academy of Management Journal, 55 (5): 1187-1212.

Lo S, Aryee S. 2003. Psychological contract breach in a Chinese context: An integrative approach. Journal of Management Studies, 40 (4): 1005-1020.

Luthans F. 2002. The need for and meaning of positive organizational behavior. Journal of Organizational Behavior, 23 (6): 695-706.

Luthans F, Avolio B J. 2003. Authentic leadership development//Quinn R E. Positive Organizational Scholarship. San Francisco: Berrett-Koehler: 241-261.

Luthans F, Avolio B J. 2009. The "point" of positive organizational behavior. Journal of

Organizational Behavior，30（2）：291-307.

Madjar N，Greenberg E，Chen Z. 2011. Factors for radical creativity，incremental creativity，and routine，noncreative performance. Journal of Applied Psychology，96（4）：730-743.

Mainemelis C. 2010. Stealing fire：Creative deviance in the evolution of new ideas. Academy of Management Review，35（4）：558-578.

Martin G S，Resick C J，Keating M A，et al. 2009. Ethical leadership across cultures：A comparative analysis of German and US perspectives. Business Ethics：A European Review，18（2）：127-144.

Martinko M J，Harvey P，Sikora D，et al. 2011. Perceptions of abusive supervision：The role of subordinates' attribution styles. The Leadership Quarterly，22（4）：751-764.

Mawritz M B，Mayer D M，Hoobler J M，et al. 2012. A trickle-down model of abusive supervision. Personnel Psychology，65（2）：325-357.

Mayer D M，Kuenzi M，Greenbaum R，et al. 2009. How low does ethical leadership flow? Test of a trickle-down model. Organizational Behavior and Human Decision Processes，108（1）：1-13.

McAllister D J，Kamdar D，Morrison E W，et al. 2007. Disentangling role perceptions：How perceived role breadth，discretion，instrumentality，and efficacy relate to helping and taking charge. Journal of Applied Psychology，92（5）：1200-1211.

Menon S T. 2001. Employee empowerment：An integrative psychological approach. Applied Psychology，50（1）：153-180.

Merton R K. 1949. Social Theory and Social Structure. Glencoe：Free Press.

Miceli M P，Near J P. 1988. Individual and situational correlates of whistle-blowing. Personnel Psychology，41（2）：267-281.

Miceli M P，Van Scotter J R，Near J P，et al. 2001. Responses to perceived organizational wrongdoing：Do perceiver characteristics matter. Social Influences on Ethical Behaviour，58：119-135.

Miceli M P，Near J P，Dworkin T M. 2009. A word to the wise：How managers and policy-makers can encourage employees to report wrongdoing. Journal of Business Ethics，86（3）：379-396.

Mitchell M S，Ambrose M L. 2007. Abusive supervision and workplace deviance and the moderating effects of negative reciprocity beliefs. Journal of Applied Psychology，92（4）：1159-1168.

Mitchell T R，Kalb L S. 1982. Effects of job experience on supervisor attributions for a subordinates' poor performance. Journal of Applied Psychology，67（2）：181-188.

Mok E，Au-Yeung B. 2002. Relationship between organizational climate and empowerment of nurses in Hong Kong. Journal of Nursing Management，10（3）：129-137.

Moon H，Kamdar D，Mayer D M，et al. 2008. Me or we? The role of personality and justice as other-centered antecedents to innovative citizenship behaviors within organizations. Journal of Applied Psychology，93（1）：84-94.

Morrison E W. 2006. Doing the job well：An investigation of prosocial rule breaking. Journal of Management，32（1）：5-28.

Morrison E W，Phelps C C. 1999. Taking charge at work：Extra role efforts to initiate workplace change. Academy of Management Journal，42（4）：403-419.

Morrison E W，Wheeler-Smith S L，Kamdar D. 2011. Speaking up in groups：A cross-level study of group voice climate and voice. Journal of Applied Psychology, 96 (1): 183-191.

Mueller J S, Kamdar D. 2011. Why seeking help from teammates is a blessing and a curse: A theory of help seeking and individual creativity in team contexts. Journal of Applied Psychology, 96 (2): 263-276.

Nandkeolyar A K, Shaffer J A, Li A, et al. 2014. The joint roles of conscientiousness and coping Strategies. Journal of Applied Psychology, 99 (1): 138-150.

Neubert M J, Carlson D S, Kacmar K M, et al. 2009. The virtuous influence of ethical leadership behavior: Evidence from the field. Journal of Business Ethics, 90 (2): 157-170.

Ng T W H, Feldman D C. 2012. Employee voice behavior: A meta-analytic test of the conservation of resource framework. Journal of Organizational Behavior, 33 (2): 216-234.

Oldham G R, Cummings A. 1996. Employee creativity: Personal and contextual factors at work. Academy of Management Journal, 39 (3): 607-634.

Olkkonen M E, Lipponen J. 2006. Relationships between organizational justice, identification with organization and work unit, and group-related outcomes. Organizational Behavior and Human Decision Processes, 100 (2): 202-215.

Ouellette J A, Hessling R, Gibbons F X, et al. 2005. Using images to increase exercise behavior: Prototypes versus possible selves. Personality and Social Psychology Bulletin, 31 (5): 610-620.

Park H, Blenkinsopp J. 2009. Whistleblowing as planned behavior: A survey of South Korean police officers. Journal of Business Ethics, 85 (4): 545-556.

Parker S K, Williams H M, Turner N. 2006. Modeling the antecedents of proactive behavior at work. Journal of Applied Psychology, 91 (3): 636-652.

Parks C D. 1994. Kteh predictive ability of social values in resources dilemmas and public-goods games. Personality and Social psychology Bulletin, 20 (4): 431-438.

Parks J M, Ma L, Gallagher D G. 2010. Elasticity in the 'rules' of the game: Exploring organizational expedience. Human Relations, 63 (5): 701-730.

Peccei R, Rosenthal P. 2001. Delivering customer-oriented behavior through empowerment: An empirical test of HRM assumptions. Journal of Management Studies, 38 (6): 831-857.

Penner L A, Finkelstein M A. 1998. Dispositional and structural determinants of volunteerism. Journal of Personality and Social Psychology, 74 (2): 525-537.

Piccolo R F, Colquitt J A. 2006. Transformational leadership and job behaviors: The mediating role of core job characteristics. Academy of Management Journal, 49 (2): 327-340.

Piccolo R F, Greenbaum R, den Hartog D N, et al. 2010. The relationship between ethical leadership and core job characteristics. Journal of Organizational Behavior, 31 (2-3): 259-278.

Podolny J M. 2001. Networks as the pipes and prisms of the market. American Journal of Sociology, 107 (1): 33-60.

Podolny J. 2005. Status Signals. Princeton: Princeton University Press.

Podsakoff P M, Organ D W. 1986. Self-reports in organizational research: Problems and prospects. Journal of Management, 12 (4): 531-544.

Podsakoff P M, MacKenzie B, Lee J Y. 2003. Common method biases in behavioral research: A critical review of the literature and recommended remedies. Journal of Applied Psychology,

88（5）：879-903.

Pratt M G. 2000. The good, the bad, and the ambivalent: Managing identification among amway distributors. Administrative Science Quarterly, 45（3）: 456-493.

Redmond M R, Mumford M D, Teach R. 1993. Putting creativity to work: Effects of leader behavior on subordinate creativity. Organizational Behavior and Human Decision Processes, 55（1）: 120-151.

Resick C J, Hanges P J, Dickson M W, et al. 2006. A Cross-cultural examination of the endorsement of ethical leadership. Journal of Business Ethics, 63（4）: 345-359.

Rosso B D, Dekas K H, Wrzesniewski A. 2010. On the meaning of work: A theoretical integration and review. Research in Organizational Behavior, 30: 91-127.

Rothwell G R, Baldwin J N. 2007. Ethical climate theory, whistleblowing, and the code of silence in police agencies in the state of Georgia. Journal of Business Ethics, 70（4）: 341-361.

Rusbult C E, Farrell D, Rogers G, et al. 1988. Impact of exchange variables on exit, voice, loyalty and neglect: An integrative model of responses to declining job satisfaction. Academy of Management Journal, 31（3）: 599-627.

Sattler D N, Kerr N L. 1991. Might versus morality explored: Motivational and cognitive bases for social motives. Journal of Personality and Social Psychology, 60（5）: 756-765.

Schat A C H, Frone M R, Kelloway K K. 2006. Prevalence of workplace aggression in the U. S. workforce: Findings from a national study//Kelloway K E, Barling J, Hurrell J J. Handbook of Workplace Violence. Thousand Oaks: Sage Publications: 47-89.

Seibert S E, Silver S R, Randolph W A. 2004. Taking empowerment to the next level: A multiple-level model of empowerment, performance, and satisfaction. Academy of Management Journal, 47（3）: 332-349.

Shin S J, Zhou J. 2003. Transformational leadership, conversation, and creativity: Evidence from Korea. Academy of Management Journal, 46（6）: 703-714.

Short P M, Rinehart J S. 1992. School participant empowerment scale: Assessment of level of empowerment within the school environment. Educational and Psychological Measurement, 52（4）: 951-960.

Siegall M, Gardner S. 2000. Contextual factors of psychological empowerment. Personnel Review, 29（5/6）: 703-722.

Simoni P S, Larrabee J H, Birkhimer T L, et al. 2004. Influence of interpretive styles of stress resiliency on registered nurse empowerment. Nursing Administration Quarterly, 28（3）: 221-224.

Simpson B. 2006. Social identity and cooperation in social dilemmas. Rationality and Society, 18（4）: 443-470.

Sims R L, Keenan J P. 1998. Predictors of external whistle-blowing: Organizational and intrapersonal variables. Journal of Business Ethics, 17（4）: 411-421.

Singer T. 2006. The neuronal basis and ontogeny of empathy and mind reading: Review of literature and implications for future research. Neuroscience & Biobehavioral Reviews, 30（6）: 855-863.

Sluss D M, Ashforth B E. 2007. Relational identity and identification: Defining ourselves through work relationships. Academy of Management Review, 32（1）: 9-32.

Smith C A, Organ D W, Near J P. 1983. Organizational citizenship behavior: Its nature and antecedents. Journal of Applied Psychology, 68 (4): 653-663.

Spreitzer G M. 1995. Psychological empowerment in the workplace: Dimensions, measurement, and validation. Academy of Management Journal, 38 (5): 1442-1465.

Spreitzer G M. 1996. Social structural characteristics of psychological empowerment. Academy of Management Journal, 39 (2): 483-504.

Spreitzer G M, Sonenshein S. 2003. Positive deviance and extraordinary organizing//Cameron K, Dutton J, Quinn R. Positive Organizational Scholarship. San Francisco: Berrett-Koehler: 207-224.

Spreitzer G M, Sonenshein S. 2004. Toward the construct definition of positive deviance. American Behavioral Scientist, 47 (6): 828-847.

Spreitzer G M, Kizilos M A, Nason S W. 1997. A dimensional analysis of the relationship between psychological empowerment and effectiveness, satisfaction, and strain. Journal of Management, 23 (5): 679-704.

Spreitzer G M, De Janasz S C, Quinn R E. 1999. Empowered to lead: The role of psychological empowerment in leadership. Journal of Organizational Behavior, 20 (4): 511-526.

Stajkovic A D. 2006. Development of a core confidence higher-order construct. Journal of Applied Psychology, 91 (6): 1208-1224.

Stamper C L, Van Dyne L. 2001. Work status and organizational citizenship behavior: A field study of restaurant employees. Journal of Organizational Behavior, 22 (5): 517-536.

Stockard J. 1988. Gender roles and behavior in social dilemmas: Are there sex differences in cooperation and in its justification? . Social Psychology Quarterly, 51 (2): 154-163.

Strathman A, Gleicher F, Boninger D S, et al. 1994. The consideration of future consequences: Weighing immediate and distant outcomes of behavior. Journal of Personality and Social Psychology, 66 (4): 742-752.

Taggar S. 2002. Individual creativity and group ability to utilize individual creative resources: A multilevel model. Academy of Management Journal, 45 (2): 315-330.

Tajfel H. 1981. Human Groups and Social Categories: Studies in Social Psychology. Cambridge: Cambridge University Press.

Tajfel H. 1982. Social psychology of intergroup relations. Annual Review of Psychology, 33: 1-689.

Tepper B J. 2000. Consequences of abusive supervision. Academy of Management Journal, 43 (2): 178-190.

Tepper B J. 2007. Abusive supervision in work organizations: Review, synthesis, and research agenda. Journal of Management, 33 (3): 261-289.

Tepper B J, Duffy M K, Shaw J D. 2001. Personality moderators of the relationship between abusive supervision and subordinates' resistance. Journal of Applied Psychology, 86 (5): 974-983.

Tepper B J, Duffy M, Hoobler J, et al. 2004. Moderators of the relationships between coworkers' organizational citizenship behavior and fellow employees' attitude. Journal of Applied Psychology, 89 (3): 455-465.

Tepper B J, Duffy M K, Henle C A, et al. 2006. Procedural injustice, victim precipitation, and abusive supervision. Personnel Psychology, 59 (1): 101-123.

Tepper B J, Moss S E, Duffy M K. 2011. Predictors of abusive supervision: Supervisor perceptions of deep-level dissimilarity, relationship conflict, and subordinate performance. Academy of Management Journal, 54 (2): 279-294.

Thomas A W, James C Q. 2011. The role of character in ethical leadership research. The Leadership Quarterly. 22 (5): 975-978.

Thomas K W, Velthouse B A. 1990. Cognitive elements of empowerment: An interpretive model of intrinsic task motivation. Academy of Management Review, 15 (4): 666-681.

Tierney P, Farmer S M. 2002. Creative self-efficacy: Its potential antecedents and relationship to creative performance. Academy of Management Journal, 45 (6): 1137-1148.

Tierney P, Farmer S M. 2011. Creative self-efficacy development and creative performance over time. Journal of Applied Psychology, 96 (2): 277-293.

Tierney P, Farmer S M, Graen G B. 1999. An examination of leadership and employee creativity: The relevance of traits and relationships. Personnel Psychology, 52 (3): 591-620.

Toor S, Ofori G. 2009. Ethical leadership: Examining the relationships with full range leadership model, employee outcomes, and organizational culture. Journal of Business Ethics, 90 (4): 533-547.

Treviño L K, Brown M, Hartman L P. 2003. A qualitative investigation of perceived executive ethical leadership: Perceptions from inside and outside the executive suite. Human Relations, 56 (1): 5-37.

Trevio L K, Hartman L P, Brown M. 2000. Moral person and moral manager: How executives develop a reputation for ethical leadership. California Management Review, 42 (4): 128-142.

Tucker S, Chmiel N, Turner N, et al. 2008. Perceived organizational support for safety and employee safety voice: The mediating role of coworker support for safety. Journal of Occupational Health Psychology, 13 (4): 319-330.

Tumasjan A, Strobel M, Welpe I. 2011. Ethical leadership evaluations after moral transgression: Social distance makes the difference. Journal of Business Ethics, 99 (4): 609-622.

Turner J C. 1985. Social categorization and the self-concept: A social cognitive theory of group behavior//Lawler E J. Advances in Group Processes. Greenwich: JAI Press: 77-122.

Uhl-Bien M, Carsten M K. 2007. Being ethical when the boss is not. Organizational Dynamics, 36 (2): 187-201.

Umphress E E, Bingham J B. 2011. When employees do bad things for good reasons: Examining unethical pro-organizational behaviors. Organization Science, 22 (3): 621-640.

Umphress E E, Bingham J B, Mitchell M S. 2010. Unethical behavior in the name of the company: The moderating effect of organizational identification and positive reciprocity beliefs on unethical pro-organizational behavior. Journal of Applied Psychology, 95 (4): 769-780.

Utz S, Ouwerkerk J W, Van Lange P A M. 2004. What is smart in a social dilemma? Differential effects of priming competence on cooperation. European Journal of Social Psychology, 34 (3): 317-332.

Vadera A K, Pratt M G. 2013. Love, hate, ambivalence, or indifference? A conceptual examination of workplace crimes and organizational identification. Organization Science, 24 (1): 172-188.

Vadera A K, Pratt M G, Mishra P. 2013. Constructive deviance in organizations: Integrating and moving forward. Journal of Management, 39 (5): 1221-1276.

Vakola M, Bourades D. 2005. Antecedents and consequences of organizational silence: An empirical investigation. Employee Relations, 27 (5): 441-458.

Van Dick R. 2001. Identification in organizational contexts: Linking theory and research from social and organizational psychology. International Journal of Management Reviews, 4 (3): 265-283.

Van Dick R, Wagner U, Stellmacher J, et al. 2004. The utility of a broader conceptualization of organizational identification: Which aspects really matter? . Journal of Occupational and Organizational Psychology, 77: 171-191.

Van Dyne L, Cummings L L, Parks M J. 1995. Extra-role behaviors: In pursuit of construct and definitional clarity//Cummings L L, Staw B M. Research in Organizational Behavior. Greenwich: JAI Press, 17: 215-285.

Van Dyne L, Kamdar D, Joireman J. 2008. In-role perceptions buffer the negative impact of low LMX on helping and enhance the positive impact of high LMX on voice. Journal of Applied Psychology, 93 (6): 1195-1207.

Van Lange P A M. 1999. The pursuit of joint outcomes and equality in outcomes: An integrative model of social value orientation. Journal of Personality and Social Psychology, 77(2): 237-349.

Van Lange P A M, Van Vugt M, Meertens R M, et al. 1998. A social dilemma analysis of commuting preferences: The role of social value orientation and trust. Journal of Applied Social Psychology, 28 (9): 796-820.

Van Lange P A M, De Cremer D, Van Dijk E, et al. 2007. Basic principles of social interaction//Kruglanski A W, Higgins E T. Social Psychology: Handbook of Basic Principles. New York: Guilford: 540-561.

Van Vugt M, De Cremer D. 1999. Leadership in social dilemmas: The effects of group identification on collective actions to provide public goods. Journal of Personality and Social Psychology, 76 (4): 587-599.

Van Vugt M, Van Lange P A M, Meertens R M. 1996. Commuting by car or public transportation? A social dilemma analysis of travel mode judgements. European Journal of Social Psychology, 26 (3): 373-395.

Victor B, Treviño L K, Shapiro D L. 1993. Peer reporting of unethical behavior: The influence of justice evaluations and social context factors. Journal of Business Ethics, 12 (4): 253-263.

Walumbwa F O, Schaubroeck J. 2009. Leader personality traits and employee voice behavior mediating roles of ethical leadership and work group psychological safety. Journal of Applied Psychology, 94 (5): 1275-1286.

Walumbwa F O, Mayer D M, Wang P, et al. 2011. Linking ethical leadership to employee performance: The roles of leader-member exchange, self-efficacy, and organizational identification. Organizational Behavior and Human Decision Processes, 115 (2): 204-213.

Wang H, Law K S, Hackett R D, et al. 2005. Leader-member exchange as a mediator of the relationship between transformational leadership and followers' performance and organizational citizenship behavior. Academy of Management Journal, 48 (3): 420-432.

Warren D E. 2003. Constructive and destructive deviance in organizations. Academy of Management Review, 28 (4): 622-632.

Wei F, Si S. 2013. Psychological contract breach, negative reciprocity, and abusive supervision: The mediated effect of organizational identification. Management and Organization Review, 9 (3): 541-561.

Weiss H M, Cropanzano R. 1996. Affective events theory: A theoretical discussion of the structure, causes and consequences of affective experiences at work//Staw B M, Cummings L L. Research in Organizational Behavior: An Annual Series of Analytical Essays and Critical Reviews. Oxford: JAI Press, 18: 1-74.

Whiting S W, Podsakoff P M, Pierce J R. 2008. Effects of task performance, helping, voice, and organizational loyalty on performance appraisal ratings. Journal of Applied Psychology, 93 (1): 125-139.

Whittington J L, Goodwin V L, Murray B. 2004. Transformational leadership, goal difficulty, and job design: Independent and interactive effects on employee outcomes. Leadership Quarterly, 15 (5): 593-606.

Williams G C, Deci E L, Ryan R M. 1998. Building health-care partnerships by supporting autonomy: Promoting maintained behavior change and positive health outcomes//Suchman A L, Hinton-Walker P, Botelho R. Partnerships in Healthcare: Transforming Relational Process. Rochester: University of Rochester Press: 67-87.

Withey M J, Cooper W H. 1989. Predicting exit, voice, loyalty, and neglect. Administrative Science Quarterly, 34 (4): 521-539.

Wrzesniewski A, Dutton J E, Debebe G. 2003. Interpersonal sensemaking and the meaning of work. Research in Organizational Behavior, 25: 93-135.

Wu T, Hu C. 2009. Abusive supervision and employee emotional exhaustion: Dispositional antecedents and boundaries. Group Organization Management, 34 (2): 143-169.

Xu Y, Ziegenfuss D E. 2008. Reward systems, moral reasoning, and internal auditors' reporting wrongdoing. Journal of Business and Psychology, 22 (4): 323-331.

Yamagishi T, Cook K S. 1993. Generalized exchange and social dilemmas. Social Psychology Quarterly, 56 (4): 235-248.

Yamagishi T, Kiyonari T. 2000. The group as the container of generalized reciprocity. Social Psychology Quarterly, 63 (2): 116-132.

Zellars K L, Tepper B J, Duffy M K. 2002. Abusive supervision and subordinates' organizational citizenship behavior. Journal of Applied Psychology, 87 (6): 1068-1076.

Zhou J, George J M. 2001. When job dissatisfaction leads to creativity: Encouraging the expression of voice. Academy of Management Journal, 44 (4): 682-696.

Zhu W, May D R, Avolio B J. 2004. The impact of ethical leadership behavior on employee outcomes: The roles of psychological empowerment and authenticity. Journal of Leadership and Organizational Studies, 11 (1): 17-29.

Zimmerman M A. 1995. Psychological empowerment: Issues and illustrations. American Journal of Community Psychology, 23 (5): 581-599.

附录一　伦理型领导与员工正向偏离行为关系调查问卷

一、问卷内容（以下是关于您自己、您的领导或您所在工作环境的描述。请根据您的感受在右侧相应的分值上画"√"标示出来。）

1=完全不符合；2=不符合；3=不太符合；4=基本符合；5=符合；6=完全符合						
Q1-1	为了更高效地完成工作，我打破组织规则或政策	1	2	3	4	5	6
Q1-2	为了给组织节约时间和金钱，我违反组织政策	1	2	3	4	5	6
Q1-3	为了避免繁文缛节，提高工作效率，我忽略组织规则	1	2	3	4	5	6
Q1-4	当组织规则干扰我的工作时，我打破规则	1	2	3	4	5	6
Q1-5	我不会遵守那些降低组织效率的条例	1	2	3	4	5	6
Q1-6	如果同事在履行工作职责时需要帮助，我打破组织规则	1	2	3	4	5	6
Q1-7	当其他员工在工作中需要我的帮助时，我违反组织规则去帮助他	1	2	3	4	5	6
Q1-8	通过打破组织规则，我帮助其他员工完成工作	1	2	3	4	5	6
Q1-9	即便意味着不尊重组织的政策，我也要帮助其他员工完成工作	1	2	3	4	5	6
Q1-10	当组织规则妨碍了为客户提供优质服务时，我打破规则	1	2	3	4	5	6
Q1-11	为了给客户提供优质服务，我忽略对工作造成干扰的组织政策	1	2	3	4	5	6
Q1-12	我打破组织规则以便给客户提供更好的服务	1	2	3	4	5	6
Q1-13	为了给客户提供最佳帮助，我更改组织的规则	1	2	3	4	5	6
Q2-1	我的上级/领导倾听员工	1	2	3	4	5	6
Q2-2	我的上级/领导训导违反道德标准的员工	1	2	3	4	5	6
Q2-3	我的上级/领导在个人生活中讲道德	1	2	3	4	5	6
Q2-4	我的上级/领导考虑员工的利益	1	2	3	4	5	6
Q2-5	我的上级/领导做出的决定公平而均衡	1	2	3	4	5	6
Q2-6	我的上级/领导值得信赖	1	2	3	4	5	6
Q2-7	我的上级/领导与员工讨论商业道德或价值观	1	2	3	4	5	6
Q2-8	我的上级/领导给员工树立正确做事的道德榜样	1	2	3	4	5	6
Q2-9	我的上级/领导不仅根据结果而且根据取得结果的方式来判断成功与否	1	2	3	4	5	6
Q2-10	我的上级/领导在做决定时会问"什么样的决定是对的"	1	2	3	4	5	6
Q3-1	我所做的工作对我来说非常有意义	1	2	3	4	5	6
Q3-2	工作上所做的事对我个人来说非常有意义	1	2	3	4	5	6

续表

	1=完全不符合；2=不符合；3=不太符合；4=基本符合；5=符合；6=完全符合						
Q3-3	我的工作对我来说非常重要	1	2	3	4	5	6
Q3-4	我自己可以决定如何来着手做我的工作	1	2	3	4	5	6
Q3-5	在如何完成工作上，我有很大的独立性和自主权	1	2	3	4	5	6
Q3-6	在决定如何完成我的工作上，我有很大的自主权	1	2	3	4	5	6
Q3-7	我掌握了完成工作所需要的各项技能	1	2	3	4	5	6
Q3-8	我自信自己有干好工作上的各项事情的能力	1	2	3	4	5	6
Q3-9	我对自己完成工作的能力非常有信心	1	2	3	4	5	6
Q3-10	我对发生在本部门的事情的影响很大	1	2	3	4	5	6
Q3-11	我对发生在本部门的事情起着很大的控制作用	1	2	3	4	5	6
Q3-12	我对发生在本部门的事情有重大的影响	1	2	3	4	5	6
Q4-1	我只考虑眼前的事，将来的事情顺其自然就好	1	2	3	4	5	6
Q4-2	我的行为仅受近期结果（近几天或几周）的影响	1	2	3	4	5	6
Q4-3	做决定或做事时，我主要考虑是否方便舒适	1	2	3	4	5	6
Q4-4	我一般会忽略将发生问题的预警信号，因为问题恶化之前一般会得到解决	1	2	3	4	5	6
Q4-5	将来的事情可以迟一点解决，没必要为此而牺牲现在	1	2	3	4	5	6
Q4-6	我只考虑眼下的问题，将来的问题等将来出现时再去处理	1	2	3	4	5	6
Q4-7	日常工作会产生特定的结果，因而比具有长期影响的行为更重要	1	2	3	4	5	6
Q5-1	批评他人之前，我会先试着考虑对方的立场	1	2	3	4	5	6
Q5-2	就算确信自己是对的，我还是会听取他人的意见	1	2	3	4	5	6
Q5-3	为了更好地理解朋友的想法，我会从他们的角度来看问题	1	2	3	4	5	6
Q5-4	事情都有两面性，所以我尝试从两方面来看问题	1	2	3	4	5	6
Q5-5	从"其他人"的视角来考虑问题很容易	1	2	3	4	5	6
Q5-6	在做决定前，我会考虑每个人的不同意见	1	2	3	4	5	6
Q5-7	当我对别人不满时，我会试着感受他的处境	1	2	3	4	5	6

二、个人基本信息（在符合您的情况的选项上划"√"；或填写相应内容）

1. 性别：

□男□女

2. 年龄：

□25 岁及以下□26～35 岁□36～45 岁□46 岁及以上

3. 学历：

□高中以下□高中/中专□大专/本科□研究生及以上

4. 职位：

□一般员工□基层管理者（如班组长等）□中层管理者（如部门经理等）□高层管理者（公司总经理、厂长等）□其他（请注明_____）

5. 在本单位任职年限：

□0～1 年□1～6 年□6～12 年□12 年及以上

6. 本单位所属行业：

□政府机构或事业单位□学校、教育机构等文化教育业□营销、广告、咨询等商务服务业□律师、会计等商务服务业□金融证券业□IT 业□制造业□房地产、建筑、装修业□旅游、餐饮、超市等服务业□其他（请注明_____）

7. 本企业性质：

□国有企业□民营企业□合资企业□外资企业□其他（请注明_____）

8. 所在部门：

□生产□销售和市场□行政人事□财务□研发□其他（请注明_____）

附录二 辱虐管理与员工正向偏离行为关系调查问卷

一、问卷内容（以下是关于您自己、您的领导或您所在工作环境的描述。请根据您的感受在右侧相应的分值上画"√"标示出来。）

	1=完全不符合；2=不符合；3=不太符合；4=基本符合；5=符合；6=完全符合						
Q1-1	为了更高效地完成工作，我打破组织规则或政策	1	2	3	4	5	6
Q1-2	为了给组织节约时间和金钱，我违反组织政策	1	2	3	4	5	6
Q1-3	为了避免繁文缛节，提高工作效率，我忽略组织规则	1	2	3	4	5	6
Q1-4	当组织规则干扰我的工作时，我打破规则	1	2	3	4	5	6
Q1-5	我不会遵守那些降低组织效率的条例	1	2	3	4	5	6
Q1-6	如果同事在履行工作职责时需要帮助，我打破组织规则	1	2	3	4	5	6
Q1-7	当其他员工在工作中需要我的帮助时，我违反组织规则去帮助他	1	2	3	4	5	6
Q1-8	通过打破组织规则，我帮助其他员工完成工作	1	2	3	4	5	6
Q1-9	即便意味着不尊重组织的政策，我也要帮助其他员工完成工作	1	2	3	4	5	6
Q1-10	当组织规则妨碍了为客户提供优质服务时，我打破规则	1	2	3	4	5	6
Q1-11	为了给客户提供优质服务，我忽略对工作造成干扰的组织政策	1	2	3	4	5	6
Q1-12	我打破组织规则以便给客户提供更好的服务	1	2	3	4	5	6
Q1-13	为了给客户提供最佳帮助，我更改组织的规则	1	2	3	4	5	6
Q2-1	我的上级/领导向他人发表对我的负面评论	1	2	3	4	5	6
Q2-2	我的上级/领导嘲笑我	1	2	3	4	5	6
Q2-3	我的上级/领导在为别的事情气恼时会迁怒于我	1	2	3	4	5	6
Q2-4	我的上级/领导责怪我以免除自己的尴尬	1	2	3	4	5	6
Q2-5	我的上级/领导说我是个能力不足或缺乏效能的员工	1	2	3	4	5	6
Q2-6	我的上级/领导告诉我的想法或感觉是愚蠢的	1	2	3	4	5	6
Q2-7	我的上级/领导忽略我或对我沉默不语	1	2	3	4	5	6
Q2-8	我的上级/领导对我态度粗鲁	1	2	3	4	5	6
Q2-9	我的上级/领导认为我做非常费力的活儿是应该的	1	2	3	4	5	6
Q2-10	我的上级/领导提醒我过去的错误和失败	1	2	3	4	5	6
Q3-1	作为组织一份子让我觉得很尴尬	1	2	3	4	5	6

续表

1=完全不符合；2=不符合；3=不太符合；4=基本符合；5=符合；6=完全符合						
Q3-2	这个组织的行为可耻	1	2	3	4	5	6
Q3-3	我尽量不让别人知道我为这个组织工作	1	2	3	4	5	6
Q3-4	我觉得这是个不光彩的组织	1	2	3	4	5	6
Q3-5	我希望他人知道我不认同组织的行为	1	2	3	4	5	6
Q3-6	我为组织所做的事情而感到尴尬	1	2	3	4	5	6
Q4-1	我只考虑眼前的事，将来的事情顺其自然就好	1	2	3	4	5	6
Q4-2	我的行为仅受近期结果（近几天或几周）的影响	1	2	3	4	5	6
Q4-3	做决定或做事时，我主要考虑是否方便舒适	1	2	3	4	5	6
Q4-4	我一般会忽略将发生问题的预警信号，因为问题恶化之前一般会得到解决	1	2	3	4	5	6
Q4-5	将来的事情可以迟一点解决，没必要为此而牺牲现在	1	2	3	4	5	6
Q4-6	我只考虑眼下的问题，将来的问题等将来出现时再去处理	1	2	3	4	5	6
Q4-7	日常工作会产生特定的结果，因而比具有长期影响的行为更重要	1	2	3	4	5	6
Q5-1	批评他人之前，我会先试着考虑对方的立场	1	2	3	4	5	6
Q5-2	就算确信自己是对的，我还是会听取他人的意见	1	2	3	4	5	6
Q5-3	为了更好地理解朋友的想法，我会从他们的角度来看问题	1	2	3	4	5	6
Q5-4	事情都有两面性，所以我尝试从两方面来看问题	1	2	3	4	5	6
Q5-5	从"其他人"的视角来考虑问题很容易	1	2	3	4	5	6
Q5-6	在做决定前，我会考虑每个人的不同意见	1	2	3	4	5	6
Q5-7	当我对别人不满时，我会试着感受他的处境	1	2	3	4	5	6

二、个人基本信息（在符合您的情况的选项上划"√"；或填写相应内容）

1. 性别：

□男□女

2. 年龄：

□25 岁及以下□26～35 岁□36～45 岁□46 岁及以上

3. 学历：

□高中以下□高中/中专□大专□本科□硕士□博士□博士后

4. 职位：

□一般员工□基层管理者（如班组长等）□中层管理者（如部门经理等）
□高层管理者（公司总经理、厂长等）□其他（请注明＿＿＿＿＿＿）

5. 在本单位任职年限：

□0～1 年□1～3 年□4～6 年□7～9 年□10～12 年□13～15 年□15 年以上

6. 本单位所属行业：

□政府机构或事业单位□学校、教育机构等文化教育业□营销、广告、咨询等商务服务业□律师、会计等商务服务业□金融证券业□IT 业□制造业□房地产、建筑、装修业□旅游、餐饮、超市等服务业□其他（请注明_____）

7. 本企业性质：

□国有企业□民营企业□合资企业□外资企业□其他（请注明_____）

8. 所在部门：

□生产□销售和市场□行政人事□财务□研发□其他（请注明_____）